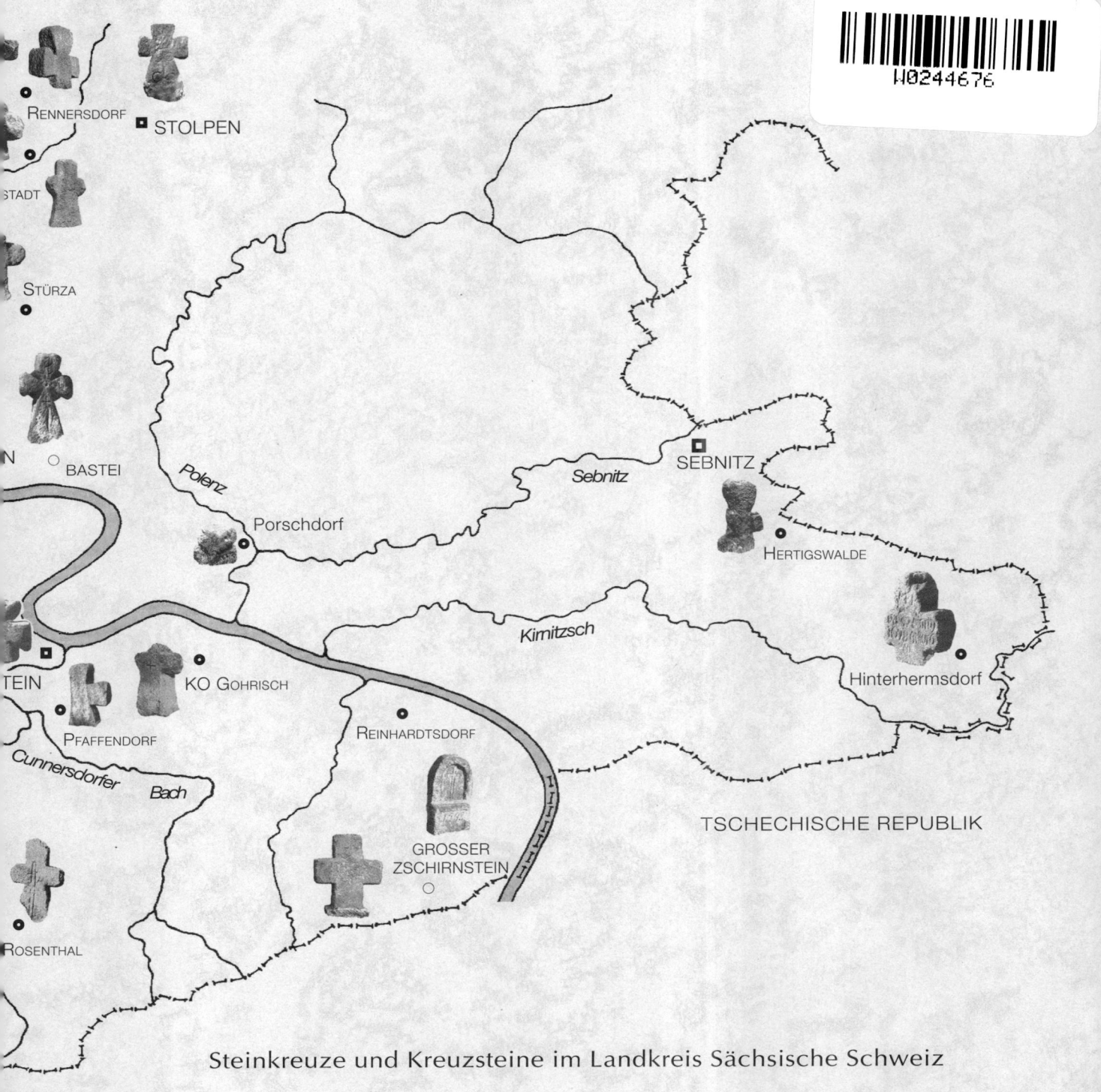

RENNERSDORF

■ STOLPEN

STADT

STÜRZA

○ BASTEI

Polenz

Porschdorf

Sebnitz

□ SEBNITZ

• HERTIGSWALDE

Kirnitzsch

Hinterhermsdorf

TEIN KO GOHRISCH

• REINHARDTSDORF

PFAFFENDORF

Cunnersdorfer Bach

TSCHECHISCHE REPUBLIK

GROSSER
ZSCHIRNSTEIN
○

ROSENTHAL

Steinkreuze und Kreuzsteine im Landkreis Sächsische Schweiz

STEINERNE
ZEUGEN
der
Geschichte
im Landkreis

Sächsische Schweiz

EDITION
LERCHL

HORST TORKE

# Steinerne Zeugen

## der Geschichte
## im Landkreis Sächsische Schweiz

PIRNA 1998

Das Antlitz des Sandsteines, jenes
Materials, aus dem uns unzählige
Zeugnisse der Geschichte überliefert
sind, selbst gezeichnet von den Spuren
der Vergangenheit.
Zerfurcht und zernagt zeigt sich die seit
Jahrtausenden Wind und Wetter ausge-
setzte Felswand.

# Der Pirnische Stein

Der Landkreis Sächsische Schweiz ist reich an erhaltenen Sachzeugen seiner Vergangenheit. Sie machen, da sie uns gegenständlich entgegentreten, in viel stärkerem Maße die Geschichte der Region erlebbar, als es Aufzählungen von Ereignissen und Jahreszahlen vermögen. Alle hier aufzuführen ist unmöglich; es kann nur eine, leider sehr bescheidene Auswahl getroffen werden. Die meisten der auf unsere Zeit überkommenen Sachzeugen sind aus Stein. Das nimmt nicht wunder, steht doch seit frühester Zeit an unzähligen Stellen im Landkreis der Sandstein für eine vielfältige Verwendung zur Verfügung.

Die erste urkundliche Erwähnung einer Nutzung des Sandsteins stammt aus einer Rechnung von 1388 an den Dresdner Brückenmeister über 45 Groschen *pro 25 partibus lapidum de Ratyn*, d. h., für 25 Steinblöcke aus Rathen. Ein Jahr später nennt eine Rechnung 12 Steine aus Wehlen. Sandstein aus unserer Gegend, allgemein der Pirnische Stein genannt, wurde aber schon viel früher verarbeitet. Einen Hinweis darauf gibt ALBINUS mit der Erwähnung der Dresdner Brücke, deren Bau aus Stein im letzten Viertel des 12. Jh. begonnen wurde:

Von dem Pirnischen ist das herrliche Schlos zu Dreßden gebawet / vnd die weitberuffene vnd schöne Brück daselbsten. Item die Schlösser zu Meyssen vnd Torgaw. Item das new theil am Schlos zu Berlin / vnd andre stadtliche Gebewde an andern orten mehr / deñ man jhn beyde auff der Elbe vñ aren in andre Land verführet. Das Rathaus zu Antorff sol auch aus solchem Stein gebawet sein. Aus dem harten vnd tichten Stein bey dem Schlos Libenthal / so nicht fern von der Elbe zwischen Pirn vnd Stolpen gelegen / vnd nicht weit dauon bey dem Schloß Cöma / machet man die besten Mühlstein / welche weit auff der Elbe verführet werden / auch hierein bis in Poln vnd anderswo.

Über den Pirnischen Stein.
Aus der »Meyßnischen Land und Bergk Chronica« von PETRUS ALBINUS vom Jahre 1589.

Der älteste Steinbruch wird an der Wesenitz bei Liebethal/Lohmen vermutet. Leiten sich doch die Namen Lohmen aus dem altslawischen *lomu*, d. h. Bruch oder Steinbruch, und Brausnitz, wie ein Seitental der Wesenitz oberhalb von Lohmer genannt wird, von slawisch *brusnice*, d. h. Steinplatz, ab. Nach dem Namen zu urteilen, muß auch im Lohmgrund bei Cotta uralter Steinbruchbetrieb angenommen werden, jedoch begann hier eine intensive Nutzung erst im vorigen Jahrhundert. Die ersten Brüche im Elbtal lagen zwischen Copitz und Posta, von hier weitete sich der Sandsteinabbau im Laufe der Zeit elbaufbis Schöna aus. Um 1875, einer Zeit reger Steinbrucharbeit, waren in der Sächsischen Schweiz fast 600 Steinbrüche in Betrieb. In vielen Dörfern bildete die Steinbrecherei einen wichtigen Erwerbszweig und

Rechte Seite:
Wo der Sandstein am frühesten gebrochen wurde. Felswand der alten Steinbrüche am Ausgang des Liebethaler Grundes.

6

Ehemaliger Steinbruch im Wesenitz-Engtal bei Elbersdorf. Der unter Flur liegende Teil des Bruches hat sich bei einem Hochwasser der Wesenitz aus der Tiefe mit Wasser verfüllt. Seit 1754 wurde hier Stein abgebaut, 1912 erfolgte die Schließung des Bruches*.

*: Nach S. GRUNERT, Der Sandstein der Sächsischen Schweiz, 1986

Alle Steinbrüche wurden in einem Bruchverzeichnis mit einer Registriernummer erfasst, welche in einem Stein am Zugang zum Bruch eingeschlagen war. Die meisten der im Lohmgrund einst betriebenen Steinbrüche sind inzwischen aufgelassen; an sie erinnern, wie hier im Bild, die Nummern-Steine.

Rechte Seite:
Sandsteinbruch bei Dorf Wehlen, ehemaliger »Hanke-Bruch«. Seit vielen Generationen stoßen die Steinbrecher immer tiefer in die Felswand.

Lebensinhalt so mancher Dorfbewohner. Sachsens Kirchengalerie überlieferte um 1840 folgende Anekdote:

*»Ein Bauer, der einmal in Dresden die Statuen auf der katholischen Hofkirche lange betrachtete, wurde gefragt, warum er so lange hinaufsehe? Er antwortete: Diese steinernen Männer sind alle meine Landsleute. Er meinte damit, die Steine dazu wären sämtlich aus dem Steinbruch seines Dorfes«.*

Nach dem Abbruch des Steines tat sich eine weitere Schwierigkeit auf. Die oft gewaltigen Steinblöcke waren vom Steinbruch auf die meist weit entfernte Baustelle zu transportieren. Seit jeher bot sich die Elbe als Transportweg an, deshalb befanden sich auch die Brüche größtenteils am Strom. Mußten jedoch die Steine aus den Brüchen im Gottleubatal oder Wesenitzgrund an das Elbufer gebracht werden, bedurfte es mitunter zahlreicher Pferdegespanne und größter Anstrengungen. Ging der Stein dabei zu Bruch, hatte der Steinbruchbesitzer das Nachsehen.

Der Steinbruch gab nicht nur Arbeit und Brot, sondern brachte den Steinbrechern und der Umgebung vielfach durch unvorhergesehene Steinabstürze Schaden und Zerstörung. Nicht nur dort, wo der Mensch dem Fels tiefe Wunden zugefügt hatte, reagiert der Stein oft mit unverhofften Abbrüchen. Es gibt auch immer wieder Felsstürze an natürlichen, durch Erosion geschädigten Felsstrukturen. Auslöser kann dann ein leichtes Erdbeben sein, wie es 1911 am Kleinen Bärenstein geschehen ist.

Die Reihe der Felsstürze im Sandsteingebiet ist endlos. Die folgenschwersten ereigneten sich 1829 in den Weißen Brüchen bei Wehlen, wo von dreizehn Verschütteten nach sechs Tagen fünf Überlebende geborgen werden konnten; 1862 an den Gute-Bier-Wänden bei Postelwitz, wo alle 24 von den Steinmassen eingeschlossenen Arbeiter nach aufopferungsvoller Rettungsarbeit wieder das Tageslicht erblickten, und schließlich 1877 nochmals in den Weißen Brüchen beim Abbruch einer Felswand. Der größte Teil eines 70 Meter hohen und 17 Meter breiten Steinblocks stürzte in das Elbbett und verhinderte 22 Tage lang den Personendampfschiffverkehr.

Am 17. Januar 1972 ereignete sich an der Südseite des Papststeins einer der größten Felsstürze in neuerer Zeit. Ein großes Wandstück von fast 4000 m³ löste sich und schlug eine breite Schneise in den Wald. Während die Wirtsleute in der Berggaststätte nichts verspürten, zersprangen unten in Papstdorf einige Fensterscheiben.

**Die Sage vom Bauerngrab unterm »Schlickerschlacker«**

Am Südfuß des Papststeins, wo die Weinleite beginnt, liegt zwischen Wald und Feld ein großer Felsblock, der seit alters den seltsamen Namen »Schlickerschlakker« trägt. Unter ihm soll einst ein pflügender Bauer mit seinem Ochsengespann begraben worden sein, als der Fels vom Papststein abbrach und auf das Feld herabstürzte.

(Nach M. Schober, Sagen der Sächsischen Schweiz, 1983)

Rechte Seite:
Felssturz an der Südwand des Papststeines. Schon hat die Natur ihr grünes Tuch über die 1972 eingetretenen Verwüstungen gebreitet.

Gedenktafel zur Rettung der 24 verschütteten Steinbrecher beim Felssturz 1862 am Fuße der Gute-Bier-Wände in den Postelwitzer Steinbrüchen.

Vergessene Mühlsteine am Elbufer in Pirna. Seit alters erfolgte hier die Verladung von Steinen auf die Schiffe. Nach einem 1449 erteilten Privileg durfte jährlich ein Schiff mit Mühlsteinen zollfrei nach Wittenberg fahren, wo für das Jahr 1478 eine Niederlage von Liebethaler Mühlsteinen genannt wurde.

Rechte Seite:
Sandstein gewann man nicht nur in den eigentlichen Steinbrüchen, auch an entlegenen Orten wurde der Stein bearbeitet. Ein Beispiel dafür sind halbfertige Mühl- und Schleifsteine im Geröll an den Felswänden im Gottleubatal bei Berggießhübel. Es scheint, daß hier nach dem Erliegen des Bergbaues auch die Arbeit der Steinmetze nicht mehr gebraucht wurde.

Zur Abwendung der zahlreichen Gefahren, denen der Arbeiter im Steinbruch ausgesetzt ist, gab es schon frühzeitig ein Warnsystem. Eine Festlegung darüber findet sich in der »Stein Brecher Innung« als Teil der »Bergk Ordnung« für die Steinbrüche im Liebethaler Grund von 1659:

»**Zum Vierdten**, Ist eine alte Gewohnheit, wann mann in Berge schreyet, **Lauff zu**, **Lauff zu**, welcher Geselle dann dieses höhret, und siehet, und nicht solchem Geschrey zuläufft, der soll den Gesellen auch **Eine halbe Tonne Bier** geben, dann es träget sich bißweilen zu, daß Gesellen mit den Bergen verfallen, und beschädiget werden. Darumb ist solch Geschrey und Zulauffen von nöthen, damit einer den andern in Leibesgefahr und Nöthen rette. Do aber einer ohne Uhrsache und Noth, und nur aus Leichtferttigkeit vergeblich schreyen würde, und die Gesellen zusammen mühete, daß sie ihre Arbeit versäumeten, so offt solches geschiehet, soll der Verbrecher den Gesellen **Eine Tonne Bier**, und der Herrschafft **Dreyßigk Groschen**, in das Ambt, darein er gehöhret, zur Straffe geben.«

Einer Mär zufolge soll AUGUST DER STARKE einmal übermütig »Lauf zu« in einen Steinbruch gerufen und, danach von den Steinbrechern gestellt, ihnen Genugtuung mit reichlich Bier und einem Fest in Pillnitz gegeben haben.

Mitunter wurden die benötigten Steine an Ort und Stelle gebrochen. Hier erinnert eine Inschrift in der Felswand am Taubenbach bei Cunnersdorf (Gem. Gohrisch) an den Abbau des Steinmaterials zum Bau einer Brücke über den Bach.

Rechte Seite:
Im Jahre 1789 erfolgte die Aufstellung dieses steinernen Wassertroges auf dem Markt in Pirna. Wie der Chronist berichtet, wurde der Trog
»auf der Elbe auf zwei Schiffen hergebracht und mit Walzen und Winden in die Stadt gezogen ..., er ist aus einem ganzen Stück Stein gehauen und der größte in der Stadt. Er kostete der Gesellschaft, welche aus neun dazugehörigen Häusern besteht, 220 Taler bis auf Ort und Stelle«.
Der Monolith wog ursprünglich mehr als 65 Tonnen und nach der Bearbeitung immer noch 26 Tonnen, das Fassungsvermögen des Troges beträgt rund zehn Kubikmeter.

Folgende Seiten:
Der dem Gebirge entrissene Stein blieb zum großen Teil als Baumaterial für Straßen, Brücken oder Gebäude in der Sächsischen Schweiz. Basteibrücke und Brustwehr der Festung Königstein bieten ein Beispiel dafür, wie gewachsener und verbauter Stein eine harmonische Einheit bilden können.

# Aus der frühesten Geschichte des Landkreises

Wenn im folgenden von Zeugen der Vergangenheit die Rede sein wird, dann mit einem Überblick über die Geschichte des Landesteiles, der heute den Landkreis Sächsische Schweiz ausmacht.

Allerdings belegen die ältesten steinernen Zeugnisse keine Episoden der Menschheitsgeschichte, sondern geben Kunde von erdgeschichtlichen Vorgängen, namentlich vom Entstehen und Zerfall des Elbsandsteines. So findet man hin und wieder im Sandstein eingeschlossene versteinerte Muscheln, Schnecken, Seesterne u. a. als stumme Zeugen des Kreidemeeres. In einem früheren Steinbruch bei Postelwitz und in einer Lehmgrube der ehemaligen Ziegelei in Zehista bargen Steinbrecher und Geologen versteinerte Wellenfurchen vom Grund des Kreidemeeres, sogenannte Rippel. Schließlich soll noch ein geologisches Naturdenkmal aus der Mindeleiszeit (vor ca. 500 000 Jahren) erwähnt werden. Es sind Strudellöcher, auch Strudeltöpfe genannt, die im Fels durch das in die Sandsteinklüfte herabstürzende Schmelzwasser entstanden sind. Die mitgeführten härteren Gesteine wurden in eine drehende Bewegung versetzt und haben einen Hohlraum ausgeschliffen.

Soweit der Exkurs in das Erdaltertum; wenden wir uns nun jenen Zeiten zu, wo der Mensch die hiesigen Breiten durchstreifte.

Zahlreiche Spuren aus frühen Epochen zeigen eine schon ur- und frühgeschichtliche Besiedlung unseres Gebietes. Diese setzte in der Jungsteinzeit (ca. 5500 - 2300 v. Chr.) ein. Von der Anwesenheit des jungsteinzeitlichen Menschen zeugen Steingerätefunde, wie Steinbeile, -hämmer und -äxte, aus der Gegend um Pirna, aus dem Elbtal, Polenztal, von Langenwolmsdorf, Helmsdorf, Stürza und Berthelsdorf bei Neustadt. Das gleiche gilt für Feuerstein-Werkzeuge, die bei Pirna, Pratzschwitz, Reinhardtsdorf und Waltersdorf/Porschdorf gefunden wurden. Archäologisch erschlossene Siedlungsgruben am Lugberghang bei Heidenau-Gommern aus einer der ältesten Bauernkulturen (ca. 6000 bis 5500 Jahre alt) bilden den frühesten Nachweis für Seßhaftigkeit. Die Freilegung einer schnurkeramischen Amphore bei Bonnewitz läßt dort ein jungsteinzeitliches Grab (ca. 2700 - 2300 v. Chr.) vermuten.

Vermutlich kultisch motivierte Gefäßniederlegungen entdeckte man in Höhlen, so aus der Glockenbecherkultur am Kleinen Winterberg und aus der Aunjetitzer Kultur bei Rosenthal. Eine Zunahme der Besied-

Sandsteinbruchstück, gefunden im Wald bei Rosenthal, mit dem Abdruck eines vor Jahrmillionen vom Sand eingeschlossenen Meereslebewesens.

Flache Feuerstein-Klinge aus der Jungsteinzeit (ca. 1,3fache Vergrößerung) mit sorgfältig retuschierter Oberfläche, die 1983 in Friedrichswalde gefunden wurde. Von ihr wird angenommen, daß sie von einer aus mehreren Klingen zusammengesetzten neolithischen Sichel stammt.

Strudeltopf im Zscherregrund, ein
geologisches Naturdenkmal aus der
Mindeleiszeit.

Spätneolithisches, der Kugelamphoren-
kultur zugehöriges Feuersteinbeil,
welches um 1960 beim Lehmabbau in
der ehemaligen Ziegelei in Zehista
gefunden wurde (jetzt Heimatmuseum
Dohna).

Restaurierte schnurkeramische Amphore, die in der Zeit zwischen 2700 und 2300 v. Chr. vermutlich als Grabbeigabe niedergelegt wurde. Das zerscherbte Gefäß fand man 1938 auf der Sohle einer Kiesgrube bei Bonnewitz (jetzt im Stadtmuseum Pirna).

Fünfeckiger Axthammer aus Hornblendeschiefer, welcher in Heidenau geborgen wurde und der wahrscheinlich aus einer Kiesgrube bei Pratzschwitz stammt (Stadtmuseum Pirna). Ähnliche Geräte sind u. a. bei Breitenau, Cunnersdorf, Langenhennersdorf, Rugiswalde, Ulbersdorf und am Hackhübel bei Bad Gottleuba gefunden worden.

Rechte Seite:
Der »Nixensee« auf dem Pfaffenstein. Die in den Jahren 1980/81 durch A. NEUGEBAUER freigelegte, mit Lehm abgedichtete Sandsteinmulde fängt das vom Plateau abfließende Wasser auf und soll zusammen mit dem »Schwarzen See« für die Wasserversorgung der bronzezeitlichen Siedlung auf dem Pfaffenstein genutzt worden sein.

lungsdichte und Erweiterung des Siedlungsraumes ist in der Bronzezeit zu verzeichnen. Aus der älteren Bronzezeit (ca. 1800 bis 1500 v. Chr.) stammen Funde aus den frühesten Siedlungen auf dem Burgberg in Dohna und dem ehemaligen »Weiten Friedhof« in Pirna sowie vom Gut Gamig. Dem gleichen Zeitraum werden ein bronzenes Absatzbeil aus der Lehmgrube einer Ziegelei bei Birkwitz, ein bronzenes Randleistenbeil vom Hackhübel bei Gottleuba und ein steinerner Treibhammer aus dem Müglitzbett bei Dohna zugeordnet.

Vor allem zu Beginn der jüngeren Bronzezeit (ca. 1200 - 900 v. Chr.), gekennzeichnet durch die Lausitzer Kultur, erfolgte eine Ausweitung der Besiedlung weit über die Elbtalweitung hinaus bis in die Sächsische Schweiz. Funde aus der Lausitzer Kultur am Basteimassiv und besonders aus einer damals durch einen Wall befestigten Siedlung auf dem Pfaffenstein bestätigen dies. Gegen Ende der Bronzezeit ging die Siedlungsdichte wieder zurück; aus der frühen Eisenzeit (ca. 800 bis 500 v. Chr.) ist in Dohna und am Elbufer unterhalb von Pirna eine Besiedlung nachgewiesen. Dort fanden sich auch Spuren der Germanen, die vor etwa 2400 Jahren bei uns einwanderten. 1976 wurde bei Copitz-West ein germanisches Gräberfeld aus der Latènezeit (300 bis 100 v. Chr.) entdeckt. Im 4. bis 1. Jh. v. Chr. war das Pirnaer und Bodenbacher Becken gemeinsamer Siedlungsraum eines germanischen Stammes.

Ende des 6. Jh. wanderten von Böhmen her die Sorben in unseren kaum noch bewohnten Raum ein; sie zogen aber durch ihn hindurch und ließen sich zunächst im Elbtal unterhalb Dresdens nieder (Gau Besunzane, später Nisan).

Der Beginn einer überlieferten Geschichte fällt ins 9./10. Jahrhundert, in die Zeit der Kämpfe des deutschen Königtums mit den sorbischen Stämmen östlich der Saale. Nachhaltiger Höhepunkt dieser Auseinandersetzungen bildete die Erstürmung des sorbischen Stammsitzes im Gau Daleminzien, Gana, durch die Truppen des deutschen Königs HEINRICHS I. im Jahre 929. Damit fiel auch Nisan, ein Gebiet in der Elbtalweitung um Dresden, welches sich bis an das Pirnaer Becken erstreckte, an das Deutsche Reich. Sechs Jahre später signalisierte ein Kriegszug des Böhmenherzogs BOLESLAV I., bei dem er große Teile des Meißner Elblandes einnahm, die über Jahrhunderte hinweg andauernden Bestrebungen der böhmischen Herrscher um Ausdehnung ihrer Macht nördlich des Erzgebirges. Mit Bildung der Markgrafschaft Meißen und Gründung des Bistums Meißen 968 traten zwei weitere

Rechte Seite:
Ältestes archäologisches Zeugnis für das Christentum in unserem Raum. Die Grabplatte aus dem 12. Jh. stammt von einem Bestattungsplatz am Rande des Landkreises, einem Dorffriedhof bei Sobrigau, westlich von Borthen. Die Sandsteintafel gehört zu fünf Grabsteinen, die 1889/90 auf der Feldflur am Wege nach Babisnau ausgegraben wurden (jetzt im Stadtmuseum Pirna).

Feudalgewalten in die Geschichte, die an der Entwicklung unseres Landesteiles einen entscheidenden Anteil hatten. Hinzu kam die erstmals 1040 erwähnte, bis ins 13. Jh. reichsunmittelbare Burggrafschaft *Donin* (Dohna) mit dem Burggrafen als zeitweiligem Verwalter des Reichslandes Nisan und Statthalter des deutschen Königs in Dresden zu Anfang des 13. Jahrhunderts.

Das damals besiedelte Gebiet umfaßte nach heutigen Erkenntnissen nur das Niederland längs der Elbe, obwohl Paßwege über den Osterzgebirgskamm bekannt waren und für diese Zeit auf der Elbe Schiffsverkehr nach Böhmen angenommen werden kann. Das zwischen den Siedlungsgebieten beiderseits des Erzgebirges und rechtselbisch bis zur Oberlausitz liegende Land war im 11./12. Jh. noch nicht erschlossen und gehörte als Reichsterritorium dem deutschen König.

## Der Kulmer Steig

Ein Terrain, auf dem seit Jahrtausenden bedeutende historische Vorgänge abliefen, ist die Trasse des Kulmer Steigs. Keine andere Stätte im Landkreis besaß eine so ausgeprägte, über gewaltige Zeiträume andauernde Anziehungskraft wie dieser ur- und frühgeschichtliche Korridor zwischen Nordböhmen und Mitteldeutschland. Die früheste seßhafte Kultur Mitteleuropas, die Bandkeramik, breitete sich 5700 bis 5500 v. Chr. vom Balkan kommend auch über diese Linie in das Elbe/Saalegebiet und weiter bis zur Nordsee aus. Für die Jungstein- und Bronzezeit ist der Weg archäologisch belegt, so durch mehrere Steinbeilfunde, z. B. bei Meusegast, Großsedlitz, Zehista, Giesenstein und auf der Oelsener Höhe, sowie durch die Ausgrabung einer Feuerstein-Klinge in Friedrichswalde. Auch die Einwanderung der Sorben vor rund 1400 Jahren erfolgte über diesen Paß.

Der Name des Steigs stammt aus dem Mittelalter; sein Austritt aus dem Grenzwald bei Kulm (Chlumec), das 993 urkundlich als böhmische Zollstätte genannt wurde, führte zu der Bezeichnung. Schon im 9. und 10. Jh. fanden Heerzüge von und nach Böhmen über den Paß statt, und 965 unternahm der jüdische Händler IBRAIM IBN JAQUB eine Reise von Magdeburg nach Prag über den Kulmer Steig*. Unter dem Steig ist eine Schar zeitlich unterschiedlich genutzter Wege über den Kamm des Osterzgebirges bei Nollendorf zu verstehen, die von Dohna aus-

---

*: Nach J. HEMLEBEN, Die Pässe des Erzgebirges, 1911

Die Symbole der vier Feudalgewalten, welche die frühe Entwicklung auf dem Gebiet des heutigen Landkreises maßgeblich bestimmten. Die Mark Meißen (oben links: das markgräfliche Wappen HEINRICH DES ERLAUCHTEN aus der Manesseschen Liederhandschrift), das Königreich Böhmen (oben rechts: Wappentier ist der doppelschwänzige Löwe), das Bistum Meißen (unten links: Siegel des Domkapitels aus der zweiten Hälfte des 13. Jh. mit den beiden Schutzpatronen des Bistums, dem Heiligen DONATUS und dem Evangelisten JOHANNES) sowie die Burggrafschaft Dohna (unten rechts: burggräfliches Wappen mit über Kreuz gelegten Hirschstangen).

Rechte Seite:
Wo der Kulmer Steig den Landkreis verlassen hat. Nach Erreichen der Oelsener Höhe führte der Weg auf der Hochfläche weiter in Richtung Nollendorfer Paß.

gehend über Gottleuba und die Oelsener Höhe hinaufführten. Ein Zweig verlief von Dohna über Zehista und Gersdorf, damit wäre die Ableitung des Namens Zehista von tsch. *cesta*, d. h. Weg oder Straße, erklärlich.

Die früheste schriftliche Erwähnung des Steiges liegt für das Jahr 1040 vor. Damals vereinigte sich bei *Donin*, dem heutigen Dohna, ein Heer unter Markgraf EKKEHARD II. von Meißen mit den Truppen des Erzbischofs BARDO von Mainz auf einem Zug gegen den Böhmenherzog BRETISLAW. Der Einfall nach Böhmen erfolgte *aus dem Wald bei der Burg Hlumec* (Kulm). Damit wurden erstmals Anfangs- und Endpunkt des Steigs genannt.

So wie im Mittelalter die Burg Dohna den Steig schützte, erfolgte in urgeschichtlicher Zeit eine Deckung des Pfades durch Höhensiedlungen auf dem Dohnaer Burgberg und dem Robisch. Die Siedlungen sind durch Funde für einzelne Zeitabschnitte von der älteren Bronzezeit bis zur älteren Eisenzeit belegt. Mit den beiden Paßsiedlungen korrespondierte zeitlich eine urgeschichtliche Talsiedlung* auf dem Gelände des mittelalterlichen »Weiten Friedhofs« nördlich der Seidewitzmündung in Pirna.

*: Nach K. SIMON und K. HAUSWALD, Der Kulmer Steig vor dem Mittelalter, 1995

Eingangspforte in die Gebirgszone war Dohna. Aus dem Süden Dresdens kommend, senkte sich der Kulmer Steig am Robisch in das Müglitztal und erklomm auf der Gegenseite am Dohnaer Burgberg vorbei den Höhenrücken zwischen Müglitz und Seidewitz.

Rechte Seite:
Blick vom Wachstein in das Gottleubatal bei Bad Gottleuba. Hier hatte der Kulmer Steig eine zu damaliger Zeit schwierige Passage zu überwinden. Er zog vom Brand/Spitzberg steil hinunter, überquerte die Gottleuba unterhalb der heutigen Kirche und führte durch das verkehrsungünstige untere Fuhdetal; erst dann gewann er wieder Höhe in Richtung Hackhübel.

# Landausbau im Mittelalter

Zwei Ereignisse, die sicherlich in einem engen Zusammenhang standen, veränderten im 12. Jh. die Verhältnisse in der Mark Meißen umwerfend und nachhaltig. Es waren dies die bäuerliche Kolonisation, welche Mitte 12. Jh. einsetzte und die um 1168 gemachten Silbererzfunde bei Christiansdorf, dem späteren Freiberg.

Die Herbeirufung vorwiegend fränkischer Siedler, die Rodung im Grenzwald und Anlage von Dörfern erfolgte sowohl durch die Markgrafen, die Dohnaer Burggrafen und die böhmischen Könige zur Durchsetzung jeweils eigener Territorialinteressen, als auch durch den deutschen Kaiser, insbesondere FRIEDRICH I., BARBAROSSA, Ende 12. Jh. zur Stärkung der Reichsgewalt. In Folge dessen kamen bis dahin unbesiedelte Gebiete der linkselbischen Sächsischen Schweiz um Königstein und rechtselbisch um Hohnstein in böhmische Hand; weitete die Burggrafschaft Dohna ihr Territorium in Richtung Liebstadt/Dippoldiswalde/Tharandt aus, und gründete das staufische Königtum die Städte Dresden sowie Pirna und vermutlich Gottleuba, letztere in einem nunmehr an Böhmen direkt grenzenden Reichsland, der Pirnaer Pflege. Dieses übertrug Kaiser FRIEDRICH II. zusammen mit anderen Reichsterritorien Mitte des 13. Jh. dem Markgrafen HEINRICH DEM ERLAUCHTEN.

Im Norden des Landkreises führte die Kolonisation ebenfalls zu einer Auflösung der alten Grenzräume und Festlegung der Grenze zwischen dem Bistum Meißen und der Krone Böhmens, die ihren Niederschlag in der 1241 auf dem Königstein ausgestellten »Oberlausitzer Grenzurkunde« fand.

Mit dem Ausbau des Landes einher ging die Errichtung von Burgen und Burgbezirken zur Verteidigung und Verwaltung der gewonnenen Gebiete. So finden wir im 13. Jh. die Ersterwähnung mehrerer Burgen, wie der bischöflichen Burg Stolpen (1222), der Burg des böhmischen Königs Königstein (1241 *Lapide regis*) sowie der markmeißnischen Burgen Pirna (1269 *castrum Pirne*), Wehlen (1269 *castrum Wylin*), Liebethal (1289 *castrum Lybenthal)* und der Burg Rathen (1289 *castro in Raten*). Gegen Ende des 13. Jh. erfolgte ein tiefgreifender Wandel auf dem Gebiet des heutigen Landkreises. Im Ergebnis der Wirren nach dem Tode HEINRICH DES ERLAUCHTEN 1288 sehen wir einen großen Teil des ehemaligen Reichslandes Nisan, so die Pirnaer Pflege mit Pirna, Struppen, Markersbach, Gottleuba, die Burgbezirke Wehlen, Rathen, z. T. Liebethal für über 100 Jahre dem böhmischen König zugehörig.

Brakteat (einseitig geprägte dünne Silbermünze) aus der Zeit um 1200 mit dem Bildnis des Meißner Markgrafen, wahrscheinlich DIETRICH DES BEDRÄNGTEN (aus dem Brakteatenfund an der Copitzer Brückmühle, jetzt im Stadtmuseum Pirna).

Rechte Seite:
Linkselbische Sächsische Schweiz mit Gohrisch und Papststein. Die in der Zeit der Kolonisation angelegten Rodungsflächen geben der Landschaft einen besonderen Reiz im Wechsel zwischen Wald- und Offenlandschaft.

Romanischer Taufstein mit Arkadenverzierung aus der Kirche in Friedrichswalde, der um 1930 in das Museum der Stadt Pirna gebracht wurde. Die Steinschale ist dem frühen 13. Jh. und damit der Zeit aus den vermuteten Anfängen der Dorfgeschichte zuzuordnen.

Der Kreuzstein an der Kirche in Ottendorf (Gem. Bahretal) diente um 1882 als Schwelle der Eingangstür zur alten Sakristei. Die Steinplatte läßt gotische Merkmale noch nicht erkennen, vermutlich geschah ihre Herstellung Mitte des 13. Jh. (Ersterwähnung von Ottendorf 1294).

Rechte Seite:
Hochmittelalterlicher Kreuzstein aus der ersten Hälfte des 13. Jahrhunderts. Der Stein stammt aus der Kirche in Struppen (jetzt im Stadtmuseum Pirna). Seine Anfertigung erfolgte weit vor der urkundlichen Ersterwähnung des Ortes (1275).

## Die Sage von den silbernen Särgen in Friedrichswalde

Die alte Kirche in Friedrichswalde zeigte in der Mauer über dem Kirchentor drei Schädel und soll im Souterrain drei silberne Särge beherbergt haben, welche die Gebeine der Schutzherren dieser Gegend, nämlich Burkhard (zu Burkhardswalde), Friedrich (zu Friedrichswalde) und Otto* (zu Ottendorf) aufbewahrten. Noch zu Anfang des vorigen Jahrhunderts wollte darum ein Schatzgräber aus Liebstadt sein Heil daselbst versuchen.

(Nach A. Meiche, Sagenbuch der Sächsischen Schweiz, 1929)

---

*: Als Ortsgründer von Ottendorf werden Otto von Donin, von Friedrichswalde Friedrich Karaz vermutet; beide wurden in der Zeit von 1207-1227 bzw. 1206-1220 mehrfach urkundlich genannt.
(Nach Chr. Klecker, Wie Dohna verlorenging, 1991)

Beide Kreuzsteine deckten die Grabstelle eines in der Kirche begrabenen Grundherren; sowohl die Kreuzsteine als auch der Taufstein können als Zeitzeugen der Kolonisation und als ein Indiz für damals schon vorhandene Kirchen angesehen werden.

Als eine der ältesten Burgen im Landkreis gilt Stolpen. Blick in den Burghof mit Seigerturm, dahinter der Siebenspitzige Turm.

Rechte Seite:
Den Königstein, einst Burg des böhmischen Königs, ließ der sächsische Kurfürst im 16. Jh. zur Festung erweitern. Dabei erfolgte die Verlegung des Eingangs in eine Kluft, deren Ausbau man im Bild gut erkennen kann.

Die politische und kirchliche Grenze zwischen dem Königreich Böhmen und der Mark Meißen bzw. dem Bistum Meißen und Erzbistum Prag verlief seit Ende des 13. Jh. mitten durch den linkselbischen Landkreis. An diese Grenzziehung erinnert die »Königsnase«, ein Felssporn über Obervogelgesang; bis hierhin erstreckte sich der Bereich des böhmischen Königs.

Zur Zeit der böhmischen Herrschaft existierten in der rechtselbischen Sächsischen Schweiz einige Burgen, von denen man erst Ende des 19. Jh. durch ein aufgefundenes Burgenverzeichnis aus dem Jahre 1456 Kenntnis erhielt. Es handelt sich um eine Aufzählung von Burgen und Felswarten, die *vor geczyten sind gebuwet gewest*, d. h. vor Zeiten gebaut, also Mitte 15. Jh. nicht mehr vorhanden gewesen sind. Dazu zählten u. a. der *Swarczberg* (später das Goßdorfer Raubschloß genannt), *Frundisberg* (der Friendsberg im Winkel zwischen dem Polenztal und Tiefem Grund), *Arnstein* (Ottendorfer Raubschloß), *Winterstein* (Hinteres Raubschloß), der *Falkenstein* und der *Frudenstein* (Frienstein oder Vorderes Raubschloß). Diese Felsenburgen, einst zur Sicherung der Herrschaft Hohnstein und zum Schutze damals wichtiger Wege angelegt, verkamen mit Beginn des 15. Jh. zu Raubschlössern und Schlupfwinkeln ritterlicher Wegelagerer.

### Die Sage von den Schatzgräbern am Goßdorfer Raubschloß

Wo die Schwarzbach in die Sebnitz fällt, liegen auf einer steilen Anhöhe die Trümmer einer Burg, des Goßdorfer Raubschlosses oder alten Schwarzberges. Ihre Ritter waren ein wildes, raublustiges Geschlecht, das weit und breit verhaßt war. Die adeligen Strauchdiebe schlugen ihren Pferden die Hufeisen verkehrt auf, um Feinden den Zugang zu ihrem Raubnest zu verbergen. Endlich gelang es aber doch, ihnen das schmähliche Handwerk zu legen und die Burg zu zerstören. Nur den großen Schatz gestohlenen Goldes vermochte niemand aufzufinden.

Deshalb machten sich einst zwei Ulbersdorfer Bauern zu Mitternacht auf nach dem Raubschloß. Sie kannten das Zauberwort und gruben wacker drauflos. Auf einmal blendete sie ein helles Licht. Voller Freude riefen beide: »Der Schatz, der Schatz«. Doch zu ihrem Schrecken gewahrten sie einen Galgen über ihren Häuptern, auf dem ein Hahn zu krähen begann und neben ihnen meckerte ein schwarzer Ziegenbock. Da grauste es ihnen und sie flohen zum Dorfe, verfolgt von dem Bock. Die Tiere aber sollen die Geister eines Juden und seiner Tochter gewesen sein, die von dem letzten Ritter erschlagen wurden und seitdem den Schatz bewachen.

(Nach A. MEICHE, Sagenbuch der Sächsischen Schweiz, 1929)

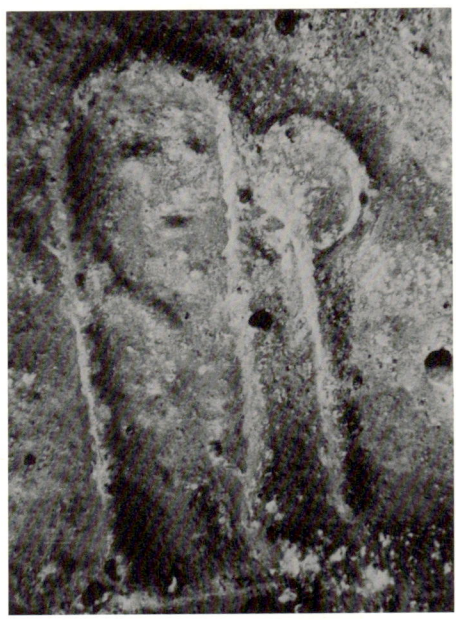

Eine vermutlich religiös motivierte Felszeichnung am Arnstein. An der Felsenburg hat sich eine ganze Reihe spätmittelalterlicher Felszeichnungen erhalten.

Rechte Seite:
Goßdorfer Raubschloß oder Schwarzberg. Von den Burgen in der rechtselbischen Sächsischen Schweiz gehörte der Schwarzberg neben dem Hohnstein wohl zu den bedeutenden Anlagen. Bereits 1372 erwähnt eine Urkunde: *»die Herren Berkken mit Hohenstein und Swarczberg ... die alle der Krone zu Behem sein«.*
Auf den alten Grundmauern der Burg hat 1861 der Besitzer von Ulbersdorf, WOLFF ADOLF AUGUST V. LÜTTICHAU, eine künstliche Ruine errichten lassen.

Der Burgberg in Stadt Wehlen. Von der einst stolzen Burg, 1269 als *castrum Wylin* erwähnt, auf welcher Markgraf HEINRICH DER ERLAUCHTE oft weilte und mehrmals urkundete, ist fast nichts erhalten geblieben.

Ruine Altrathen. Die gewaltige Schildmauer gehört zu den wenigen äußeren Resten, welche von der einstigen Burg auf unsere Zeit überkommen sind.

Rechte Seite:
Neurathen. Dem ehemaligen Wehrgang der Felsenburg nachempfunden ist der heutige Besucherumgang. Die im Vordergrund liegenden Steinkugeln bildeten die »Munition« für Steinschleudern, mit denen die Burg verteidigt wurde. Steinbruchmeister JÄNICHEN aus Rathen hat 1934 festgestellt, daß die Kugeln aus den alten Brüchen um Liebethal stammen. In der Burg sind bei Ausgrabungen Scherben aus dem frühen 13. Jh. gefunden worden; d. h., die Burg bestand viel früher, als die schriftlichen Überlieferungen aussagen.

Burg Hohnstein. Blick vom ersten Burghof zum mittleren Burgkomplex. An Stelle der einstigen Zugbrücke führt heute eine Steinbrücke in das Innere der Burg.

Vergangene Ritterromantik spricht aus dem Bild, obwohl die Zugbrücke erst bei einem neugotischen Umbau des Schlosses Kuckuckstein in Liebstadt zur Wende 18./19. Jh. errichtet wurde.

Rechte Seite:
Schloß Weesenstein. Die jetzt überbaute Felsengasse bildete früher den Wehrgang und Zugang zur Burg.

## Ämter, Städte, Herrensitze

Eine Zäsur in der Geschichte des Landkreises bildete das Jahr 1402. Mit der Einnahme der Burg Dohna durch Markgraf WILHELM und Einverleibung der Burggrafschaft in die Mark Meißen war der Auftakt für eine Reihe von Gebietserweiterungen gegeben. Es folgte die Übernahme der vom böhmischen König verpfändeten Stadt und Pflege Pirna mit Gottleuba und Wehlen 1404/1405, der Königsteiner Pflege, Stadt und Burg mit den Dörfern der linkselbischen Sächsischen Schweiz 1406/1408, der Erwerb von Herrschaft Hohnstein im Tausch gegen Mühlberg an der Elbe 1443 sowie 1451 Wildenstein gegen Teile der ehemaligen Herrschaft Schluckenau. 1452 wurde Rathen als markmeißnische Pflege genannt und nach der Eroberung der Burgen 1469 endgültig in das Amt Pirna einbezogen.

Alle übernommenen Gebiete stellten geographisch abgerundete, aus den einstigen Burgbezirken entstandene Territorien dar. Sie bildeten die Grundlage für die Einteilung des seit 1423 kurfürstlichen Landes in Ämter, hier die Ämter Pirna und Hohnstein, zeitweilig Dohna, Königstein, Rathen, Wehlen und Lohmen. Das bischöfliche Amt Stolpen mit dem Unteramt Liebethal erwarb der Kurfürst 1559 im Tausch gegen das Amt Mühlberg. Mit den genannten Ämtern war im wesentlichen die Fläche des heutigen Landkreises umrissen.

Als die ältesten Städte in der Region gelten Pirna (urkundliche Ersterwähnung 1233), Liebstadt (1286 *civitas Libenstat*), Neustadt (1333) und Gottleuba (1379 *stetil Gotleeb*). Mitte des 15. Jh. wurden dann auch fast alle anderen Städte genannt. Sie sind als Suburbium, als Siedlung unter einer Burg, entstanden (Dohna, Hohnstein, Königstein, Stadt Wehlen und Stolpen), oder als eine schon vorher bestandene Siedlung zur Stadt erhoben worden (Sebnitz, Schandau). Erst ein Jahrhundert später (1548) wurde Berggießhübel als Stadt beschrieben. Von allen Städten nahm in erster Linie Pirna als zentraler Handelsplatz und Verwaltungssitz eine stürmische Entwicklung. Beeindruckende Zeugnisse jener Epoche bietet u. a. die städtische Architektur aus der Zeit der Spätgotik und Renaissance.

In den vom Markgrafen bzw. Kurfürsten erworbenen Gebieten hatte dieser selbst die Grundherrschaft inne; die Dörfer und Städte, mit Ausnahme von Pirna und Gottleuba, unterstanden den landesherrlichen Ämtern. Sie wurden als Amtssassen bezeichnet, sie saßen *auf des Amtes Schrift*.

Rechte Seite:
Wappenstein mit dem kursächsischen Wappen und Kurfürstenhut an der Marktseite des ehemaligen Amtshauses in Stolpen. Die Umschrift »HONI SOIT QVI MAL Y PENSE« (Ein Schalk, der Arges dabei denkt) war der Wahlspruch des englischen Hosenbandordens, der dem Kurfürsten für sein Verdienst beim Kampf gegen die Türken verliehen worden war.

An vielen Stellen finden wir das kursächsische Wappen. Das linke Bild zeigt eine Wappentafel von 1607 am ehemaligen Forsthof in Cunnersdorf (Gem. Gohrisch) mit Kurschwertern, Rautenkranz und Überschrift: »CHRISTIAN DER II. HERZOG ZU SACHSEN CHURFÜRST«.

Ein von der Fama ausgeschmücktes Exemplar steht als Wappenstein am Fuße des Kleinen Winterberges. GÖTZINGER weiß darüber zu berichten:
»Im Jahr 1558 veranstaltete Kurfürst AUGUST nebst dem Kurprinz und nachmaligen Kurfürst CHRISTIAN I. auf diesen Höhen eine Jagd, bei welcher es vornämlich auf einen außerordentlich großen und schönen Hirsch ... abgesehen war«. GÖTZINGER beschreibt dann, wie der Kurfürst unter Lebensgefahr den Hirsch zur Strecke brachte und fährt fort: »Diese Rettung des Kurfürsten hatte auf den Kurprinz einen so tiefen Eindruck gemacht, daß er in Folge an dem Ort·eine 3 Ellen hohe und halb so breite steinerne Tafel mit dem kurfürstlichen Wappen und der Jahrzahl 1558 befestigen ließ«.
Der Irrtum GÖTZINGERS bestand darin, daß der Kurprinz erst 1560 geboren wurde und so bei der Jagd nicht dabeisein konnte. In einer kritischen Auswertung vorliegender Unterlagen kam O. LEHMANN zu der Schlußfolgerung*, daß der Pavillon auf dem Kleinen Winterberg durch Kurfürst AUGUST im Jahre 1558 als Jagdhaus angelegt wurde und der Wappenstein dieses als kurfürstliche Jagdstätte hatte kennzeichnen sollen.

---

*: O. LEHMANN, Das Häuschen auf dem kleinen Winterberge, in »Über Berg und Tal« 1886

Dreifacher Wappenschmuck an der Ostfront des Rathauses in Pirna. Das spätgotische Eingangsportal ziert im Staffelfeld das alte Pirnaer Stadtwappen. Darüber befindet sich seit 1822 das kursächsische Wappen. Zur Kunstuhr am Turm gehört das jetzige Stadtwappen mit zwei roten Löwen, deren Vorderpranken beweglich sind.

Die ältesten Siegel der Stadt zeigen einen Birnbaum; ab 1462 enthält das Wappen auf der rechten Seite des Baumes einen schwarzen meißnischen Löwen. Von Kaiser FERDINAND I. erhielt die Stadt 1549 das jetzt gültige Wappen, welches wie folgt beschrieben wurde*: »Ein gelb oder goldfarben Schild, in Grund solches Schilds ein dreyfacher grüner Berg, auf der Mitte dessen nach des Schilds Lenge ein Pirnbaum mit abgestimmelten Esten ... voller grüner Blätter daran gülden Pirn, auf beyden seiten solches Pirnbaums ... gegeneinander über mit aufgeschlagenen rothen Zungen, zurück auffgeworffenen Schwentzen, zu Raub und Klimmen geschickt nach des Schilds Lenge aufgepaint steent zween roth oder rubinfarb Lewen, der vorder seine rechten und hinder Lew seine lincken Branckchen auf ein Egg angeregtes Bergs gesezt und die andern Waffen alle voneinander ausgespreizt berürendt und als steigen itztberührte Lewen auf den bemelten Pirnbaum.«

———————

*: Aus JOHANN GOTTLOB HORN, Historische Hand-Bibliothec, 1728

Rechte Seite:
Wappenstein mit dem Stadtwappen Pirnas aus der Zeit zwischen 1462 und 1549 (Stadtmuseum Pirna).

Pirna wird oft als Stadt der Erker und Portale bezeichnet. Im Bild ein Renaissanceportal am Haus Niedere Burgstraße 1 mit dem Bildnis des Meisters WOLF BLECHSCHMIDT. Er hat u. a. dieses Haus und das Pirnaer Rathaus gebaut sowie am Bau der Marienkirche von 1539-1546 mitgewirkt.

Die monumentale Steinfront der Pirnaer Stadtkirche St. Marien schmücken zahlreiche Grabplatten aus dem 16. bis 18. Jahrhundert. Im Vordergrund das Epithaph zweier Kinder, ANNA und JOHANNES HEINTZ, die im zarten Alter von eineinhalb Jahren bzw. fünf Tagen starben. Der Text lautet:
»ANNO 1572 DEN 27 APRIL IST IN GOT VORSCHIEDEN ANNA HEINTZIN JHRES ALTER DRITHALB JHAR DER GOT GENAD« und
»ANNO 1567 DEN 17 MAI IST IN GOT VORSCHIEDEN JOHANNES HEINTZ SEINES ALTERS 5 TAGE DEM GOT GENADE«. Vermutlich handelt es sich um die Kinder des 1584 verstorbenen Bürgermeisters MATTHES HEINTZ, dessen Epithaph an der südlichen Außenmauer des Chores angebracht ist.

Sandsteinrelief am Haus Markt 16, mit Darstellung der Jonas-Legende:
*Jonas will sich dem göttlichen Auftrag, das Christentum zu verbreiten, durch die Flucht auf ein Schiff entziehen. Dabei wird er entdeckt und über Bord geworfen. Ein Wal verschluckt ihn; im Magen des Tieres verbleibt Jonas drei Tage, dann wird er gerettet und kann seine Mission ausführen.*

Die Ordenskirche des Dominikanerklosters in Pirna, jetzt Kirche St. Heinrich der römisch-katholischen Gemeinde. Der älteste Klosterbau erfolgte um 1300 aus Back- und Hausteinen, erst spätere Bauteile bestehen aus Sandstein*. Der Kirchturm wurde nach dem Bau der Klosterkirche errichtet, Ende 14. Jh. das quadratische Unterteil. Erst knapp hundert Jahre später erfolgte, zeitgleich mit dem Turmbau der Stadtkirche, der Achteckaufbau. Eine historische Persönlichkeit Pirnas war der »Pirnische Mönch« Johann Lindner, der 50 Jahre im Kloster gelebt und hier zwischen 1500 und 1530 ein historisch-geographisches Sammelwerk Onomasticum Mundi Generale geschrieben hat.

*: Nach W. Bachmann, Die Stadt Pirna, 1929

Kirche in Bad Gottleuba.

Zwei der ältesten in Stein geschlagenen Jahreszahlen aus dem Landkreis befinden sich in der Kirche von Bad Gottleuba. Die Stadt Gottleuba wurde 1501 durch Herzog GEORG mit der Vogtei belehnt. Der Vogt war Statthalter des Landesherren in einer Stadt; die Übertragung der Vogtei an die Bürgerschaft signalisiert ein größeres Maß an Selbständigkeit Gottleubas. Außerdem waren damit wirtschaftliche Vorteile verbunden, gehörten doch zur Vogtei Anteile an Bergwerken, Erzgruben und Wäldern. Unter diesen Umständen bauten die Bürger der Stadt eine neue Kirche auf dem Gelände der Vogtei, Teile einer alten Wehranlage (Turm, Ringmauer) wurden dabei übernommen. Die Symbole ihrer Selbständigkeit meißelten sie in das Eingangsportal zum Turm: die Jahreszahl 1501 mit dem Rautenkranz (linke Seite), als Zeichen für die Belehnung mit der Vogtei durch die Wettiner und das Wappen der Reichsgewalt, den Doppeladler (rechtes Bild), als Zeichen der Stadtgründung durch den Kaiser. Die zwischen den Wappensteinen befindliche Jahreszahl 1506 (oben links) zeigt das Datum des Kirchenbaues an.

Portal des Rathauses in Neustadt, bekrönt von dem kursächsischen Wappen mit Kurhut und dem Stadtwappen. Beiden Wappen wurde die Jahreszahl 1703 zugefügt. Es handelt sich um das Jahr der Wiedererrichtung des Rathauses, welches im Jahre 1674 ein Opfer der Flammen geworden war.

Rechte Seite:
Das 1997 wiederhergestellte Pfarrhaus in Neustadt mit einem Sitznischenportal, dem ältesten Teil des 1616 errichteten und mehrmals umgebauten Gebäudes. Bei der Sanierung wurde am Giebel ein bisher unter einer Holzverkleidung verborgenes altfränkisches Fachwerk entdeckt und wieder zu alter Schönheit erweckt. In dem Haus lebte von 1787 bis 1811 Pfarrer WILHELM LEBRECHT GÖTZINGER, Wegbereiter einer touristischen Erschließung der Sächsischen Schweiz.

Neben den Amtssassen gab es die Schriftsassen, zu denen die adligen Grundherrschaften mit ihren Gütern und zugehörigen Dörfern, die Städte Pirna und Gottleuba sowie die geistlichen Grundherren mit ihrem Besitz zählten. Die Schriftsassen verkehrten unmittelbar mit der Kanzlei des Landesherren. Bei Belehnung mit Grundbesitz und Dörfern wurde die Schriftsässigkeit verliehen; der Grundherr besaß die Gerichtsbarkeit über sein Territorium. Diese, Patrimonialgerichtsbarkeit genannt, währte bis 1856.

Die Geschichte des Landkreises kennt eine große Zahl von Adelsgeschlechtern, die über einen langen Zeitraum die Entwicklung der Region mitprägten. Steinerne Erinnerungen an die adligen Grundherrschaften bilden u. a. ihre Schlösser, Wappensteine und die Grabmale auf den Friedhöfen der alten Dorfkirchen, deren Patronatsherren sie meist waren.

Auch von kurfürstlicher Bautätigkeit gibt es Zeugnisse in unserem Gebiet. Neben dem schon erwähnten Ausbau der Festung Königstein bietet der Barockgarten Großsedlitz ein herausragendes Beispiel.

Das Rundbogenportal im ehemaligen Rittergut Niederhelmsdorf stammt vom alten, 1909 abgerissenen Herrenhaus. Es wurde geborgen und am Nebeneingang des neuen Schlosses eingesetzt. Im Bogen befindet sich das Wappen des Hohnsteiner Amtsschössers THOMAS MÜLLER, der das Gut von 1596 bis 1610 besaß. Die Wappentafel in der Außenmauer des Turmes gehört zu einem späteren Besitzer des Rittergutes, der Familie v. Schröter.

Rechte Seite:
Schloß Ulbersdorf. Dem im 16. Jh. errichteten Herrenhaus wurde nach verschiedenen Umbauten im 19. Jh. ein Turm aufgesetzt. 1993/94 erfolgte eine Sanierung des Gebäudes.

Grabstein für ein Mitglied der Familie von Bernstein an der Kirche in Ottendorf (Gem. Bahretal).

WEIGOLD VON BERNSTEIN, auf dem Rittergut Lochau gesessen, der um 1400 den Räuber WITTICH getötet hatte, war Ahnherr der Ottendorfer Linie. Überliefert ist, daß sich ein Grabstein seines Sohnes HEINRICH auf dem Ottendorfer Kirchhof befand.

Sicher aber ist der abgebildete Stein jünger. Leider kann die Umschrift nicht mehr zweifelsfrei entziffert werden, jedoch ist »jorge von bernsteyn dem got gnade« zu erkennen. Das weist auf GEORG V. BERNSTEIN zu Ottendorf, gestorben 1531, hin.

Neben der Grabplatte steht eine zweite, ähnlich gearbeitete; beide sind offensichtlich als Ensemble konzipiert gewesen.

Rechte Seite:
Grabplatte in der Mauer des Kirchhofes von Cotta mit dem Wappen derer von Karras. Im Jahr 1311 erhielten GÜNTHER VON KARRAS und seine Brüder das Gut zu *Kottaw*; die Familie v. Karras besaß Großcotta bis 1442.

Nach STECHE trägt der Stein in seiner Form die Kennzeichen des 14. Jahrhunderts.

Wappenstein von 1665 am Zuschendorfer Schloß, dem Stammsitz eines Zweiges derer von Carlowitz. Der eingemeißelte Spruch beschreibt die Wirren nach dem Dreißigjährigen Krieg. Verwüstungen, anschließende Nöte und Streit unter den Erben führten 1660 zur Versteigerung des Gutes, wo es durch ADOLF VON CARLOWITZ erworben wurde. Links das Wappen von Carlowitz, rechts das Familienwappen seiner Frau SOPHIE geb. V. SCHÖNFELD.

Es ist noch immer zu erkennen, daß das alte, 1611 gebaute Schloß Langburkersdorf einst eine Wasserburg gewesen ist. Ende des vorigen Jahrhunderts soll noch Wasser in den Gräben geflossen sein.

Rechte Seite:
Schloß Zehista. Ein Doppelwappen am ehemaligen Torhaus erinnert an JOHANN SIEGMUND VON LIEBENAU, der das Schloß 1656/57 erbauen ließ. Die Wappen gehören zu V. LIEBENAU und seiner Ehefrau A. M. V. PFLUGK. Die jetzige Gestalt erhielt das Schloß anläßlich eines Umbaus 1736 durch Graf J. A. V. BRÜHL, einem Bruder des berüchtigten Ministers.

Kirche in Röhrsdorf, zu deren Parochie Dorf und Rittergut Röhrsdorf, Groß- und Kleinborthen mit Rittergut Borthen zählten. Das Patronatsrecht lag bei der Herrschaft des Gutes Röhrsdorf. Die erste Erwähnung einer Kirche erfolgte 1437, der heutige Kirchenbau wurde 1749 geweiht.

Zu den ältesten in der Gegend gehört die Kirche in Markersbach, urkundlich 1363 bezeugt. Das Kirchenbuch reicht bis ins Jahr 1654 zurück, aus dieser Zeit stammt auch das jetzige Gotteshaus.

Rechte Seite:
Der wuchtige Kirchenbau in Oberottendorf (Gem. Hohwald) entstand um 1630, der Dachreiter wurde Mitte des 19. Jh. aufgesetzt. Die früheste Erwähnung einer Kirche stammt von 1437; jedoch gibt romanische Bausubstanz im Inneren Zeugnis von noch früherer Zeit. Unter dem Altarraum befindet sich die Familiengruft der Patronatsherrschaft.

Der Barockgarten Großsedlitz war nicht nur Schauplatz der jährlichen »Feste des Polnischen Weißen Adlerordens« und Stätte kriegerischer Verwüstungen, sondern ist vor allem ein Zeugnis bildhauerischer Meisterleistungen. Bedeutende Künstler wie die Hofbildhauer FRANCOIS CANDRAY (1678 bis 1727), JOHANN CHRISTIAN KIRCHNER (gest. 1732) und GOTTFRIED KNÖFFLER (1715 bis 1779) waren an der Ausgestaltung des Gartens beteiligt. Im Bild die »Stille Musik«, ein Werk des Architekten MATTHÄUS DANIEL PÖPPELMANN (1662 bis 1736).

Grenzstein mit der Inschrift »GRAF VON WACKERBARTH 1724« an der Nordseite des Barockgartens. Kurioserweise war Graf VON WACKERBARTH (1662-1734) im Jahre 1724 nicht mehr Besitzer des Gartens, der ein Jahr zuvor insgeheim an AUGUST DEN STARKEN verkauft wurde. Vielleicht stand der Stein ursprünglich gar nicht im Barockgarten, sondern auf der Grenze eines anderen, dem Grafen gehörenden Flurstückes. Der Grenzstein ist erst 1973 an seinem jetzigen Standort aufgestellt worden.

Rechte Seite:
Sandsteinfigur im Barockgarten Großsedlitz, »Pomona«, die Göttin der Früchte darstellend.

# Vorreformatorische Denkmale

Zu den ältesten Zeugnissen der Vergangenheit im Landkreis zählen Steinmale aus der Zeit vor der Reformation. Meist vergessen und verkannt, fristeten sie im verborgenen ein unbeachtetes Dasein und haben sich so bis in unsere Zeit erhalten. Den größten Teil dieser Denkmale bilden die Steinkreuze, von denen etwa 60 im Landkreis noch vorhanden sind.

Die Steinkreuze wurden im Spätmittelalter bis ins 16. Jh. gesetzt, als Teil des Seelgerätes für einen plötzlich durch Mord, Totschlag oder Unfall aus dem Leben Geschiedenen. Das Errichten eines Steinkreuzes erklärt sich aus den Glaubensvorstellungen der Menschen zu vorreformatorischer Zeit. Das Kreuz wurde *an den Ort des grausigen Geschehens* gesetzt, meist war das ein Weg oder häufig begangener Steig. Es sollte die Vorübergehenden veranlassen, mit einem Gebet für das Seelenheil des Verstorbenen zu bitten. Man ging davon aus, daß der Tote unvorbereitet, ohne die heiligen Sakramente, aus dem Leben geschieden und so sein Seelenheil gefährdet sei. Bei Mord und Totschlag wurde der Täter zum Setzen eines steinernen Kreuzes verpflichtet, sonst veranlaßten Freunde oder Angehörige die Aufstellung.

Die ältesten Steinmale blieben inschriftslos. Oft ist dem Kreuz nur in einfacher Form ein Zeichen eingeritzt worden, sei es ein Kreuz oder das Berufszeichen des Toten, einen Hinweis auf den Unfall oder *das Werkzeug der ruchlosen Tat*. Nähere Angaben fehlen; mit dem Gebet sollte eines Getöteten allgemein und nicht einer bestimmten Person gedacht werden. Noch war das Steinkreuz kein Gedächtnismal, welches die Erinnerung an einen Menschen wachhielt. Dies geschah erst nach der Reformation, als mit ihr der Glaube an die Heilwirkung der Seelgeräte verloren gegangen war.

Jenen Steinkreuzen im Landkreis, wie dem »Pallmens Stein« bei Hinterhermsdorf oder »Murre-Stein« in der Nähe des Großen Zschirnsteins, die im 17. Jh. aufgestellt wurden, sind die Namen des Toten und das Datum ihres Todes eingemeißelt. Sie sind nicht mehr Seelgerät, sondern Gedenkstein.

Hinsichtlich ihrer Bedeutung den alten Steinkreuzen gleichzusetzen sind die Martern und Betsäulen, von denen sich einige wenige bis jetzt erhalten haben. Oft sind sie nach der Reformation für andere Zwecke verwendet worden, so als Wegweiser oder Gedenkstein.

Einmeißelung einer Armbrust in ein Steinkreuz, einziger Hinweis auf den Toten oder die Ursache seines Ablebens.

Rechte Seite:
Wo der Kulmer Steig über die Oelsener Höhe nach Böhmen führte, steht ein niedriges, inschriftsloses Steinkreuz am Wegesrand. Die Wegsäule im Hintergrund kündet von der alten Schönwalder Straße, einem Weg, welcher die Tradition des Kulmer Steigs fortsetzte.

»Schächers Kreuz« am Wiesenweg. Der Kreuzstein wird schon 1548 bei der Grenzbeschreibung von Kleingießhübel als *Schechers creutz* am heutigen Platze aufgeführt, auch MATTHIAS OEDER kennzeichnete die Stelle im Urriß zur Landesaufnahme (1592/93) mit dem Hinweis *am Creutz stein*. Die am Fuß des Steines befindliche Jahreszahl 1549 ist, nach der Form der Ziffern, frühestens im 19. Jh. eingeschlagen worden. Die Gestalt des Steines läßt vermuten, daß es sich um das Oberteil einer alten Betsäule handelt.

Rechte Seite:
Steinkreuz bei Doberzeit. Das Kreuz stand bis 1962 am ehemaligen »Pirnischen Steig«, der von Neustadt über Polenz, Lohmen nach Pirna führte. Die Neuaufstellung am jetzigen Standort erfolgte 1970.
Der Lohmener Pfarrer M. ROSENLÖCHER brachte 1838 das Steinkreuz mit einem Kirchenbucheintrag aus dem Jahre 1563 in Verbindung:
*»Ist einer zu Roß von 2 Reitern am Questen-berge (unter Doberzeit) erschlagen, be-raubt und zu Lohmen begraben worden. Die Stelle dieser schwarzen That wird ohn-streitig durch das alte steinerne Kreuz bezeichnet, welches sich neben dem Fuß-steige befindet, der kurz vor Doberzeit von der Chaussee abgeht und nach Pirna führt«.*

Das sogenannte »Antoniuskreuz« im Liebethaler Wäldchen. Den Namen erhielt das Steinkreuz von seiner Form, die durch das abgeschlagene Oberteil entstanden war. Das Steinkreuz trägt ein Zeichen, welches der Eschdorfer Pastor SEIDEMANN 1860 als *eingehauene dreizinkige hängende Heugabel* beschrieben hat. Es handelt sich um ein altes Wegezeichen (siehe auch Seite 100).

Rechte Seite:
Steinkreuz im Basteiwald. Die Form des Kreuzes und noch mehr die Einmeißelungen haben seit Beginn der Steinkreuzforschung Rätsel aufgegeben. Auffällig ist eine Arme, Kopf und Rumpf verbindende Scheibe, ähnlich wie beim Doberzeiter Kreuz. Die Einritzung auf der Stirnfläche wird allgemein als »Wolfsangel« angesehen; das Symbol tritt in anderen Gegenden als Wege- oder Grenzzeichen auf.

Folgende Seiten:
Steinkreuz am ehemaligen Diebssteig bei Cotta.

Steinkreuz an der Elbe bei Pirna. In das Kreuz sind auf Vorder- und Rückseite insgesamt sechs Kreise, acht- bzw. sechsfach geteilt, eingeschlagen worden. Ob die Zeichen eventuell Wagenräder darstellen und somit auf einen Unfall hinweisen sollten, konnte bisher nicht entschieden werden.

Volksmund und Sage ranken so manche Geschichte um die oft ein halbes Jahrtausend alten Steinkreuze. Die in der jüngeren Überlieferung bei uns häufig gebrauchten Bezeichnungen wie »Schwedenstein« oder »Franzosengrab« deuten fälschlicherweise auf einen Zusammenhang mit dem Dreißigjährigen Krieg oder den Befreiungskriegen; Ereignisse, deren schreckliche Erinnerung lange im Gedächtnis des Volkes haften blieben und die nun auf die rätselhaften Steine übertragen wurden.

Dabei wird in Urkunden aus dem 15. und 16. Jh. eindeutig die Absicht sichtbar, die zum Setzen der Steinkreuze geführt hat. Es sind die »Sühneurkunden«, die bei Totschlag in vorreformatorischer Zeit einen Vergleich zwischen den Familien des Toten und des Täters besiegelten. In diesen Vergleichen verpflichteten sich die Parteien des Täters u. a. zur Bestellung der Seelgeräte für den Toten, darunter auch zum Setzen eines steinernen Kreuzes. Ein im Pirnaer Stadtbuch 1497 beurkundeter Sühnevergleich zu dem durch MERTIN KUNTZE an ANDRES FLEISCHER begangenen Totschlag sagt aus, daß *eyn steynen crewtcze zu setczen ... und xxx ßel messen* (30 Seelmessen) *laßen zu halden in dem closter ... und eyn ouchfart* (Fahrt nach Aachen) *zu thun inwendig eynem jare* sei. Steinkreuzsetzungen, Bestellung von Messen und Pilgerfahrten waren Bestandteile des Seelgerätes.

Auszug aus der im Stadtbuch Pirna 1497 enthaltenen Sühneurkunde (Sächsisches Hauptstaatsarchiv, Loc. 9901, Pirnaer Stadtbuch Nr. 3, Bl. 69a). Dem Täter wurde aufgetragen, die Gerichtskosten zu übernehmen, *geistliche und weltliche (Gerichte) zu gewinnen* und ein steinen Kreuze zu setzen und die Stadt dazu gewinnen und 30 Seelmessen lassen zu halten in dem Kloster und ein Ewig-Gedächtnis zu der Pfarre und ein Aach-Fahrt zu tun inwendig einem Jahre und sich mit dem Bader vertragen. Item (Dazu) für den Mann dem Gott selige zu geben 10 Schock gute Münze.

Ein Steinmal von eigenwilliger Gestalt befindet sich in der Trockenmauer an der Dorfstraße in Großröhrsdorf. Die Form des Kreuzsteines, auch Rad- oder Scheibenkreuz genannt, ist einmalig in Sachsen. Möglicherweise steht der Standort des Steins in einem Zusammenhang mit dem Pilgerweg nach dem Kloster Mariaschein.

Unbeachtet steht in Rosenthal dieses Steinkreuz unterhalb der Kirche am Rande der Kirchgasse. Die Vorderseite trägt die Zeichnung eines langen Schwertes.

Die Steinkreuzforschung hat noch nicht eindeutig geklärt, ob es sich bei den Einmeißelungen von Waffen um das Mordwerkzeug oder ein Berufszeichen des Getöteten handelt. Bei einem Messer oder Schwert liegt die Vermutung nahe, daß damit der Mord geschah; anders könnte die Einritzung beispielsweise einer Armbrust oder eines Fleischerbeils zu deuten sein.

Steinkreuzgruppe in Liebstadt. Die Kreuze unterlagen einem wechselhaften Schicksal, ehe sie ihren Platz an dem nach Berthelsdorf abzweigenden Weg fanden. Bis zu Anfang des 19. Jh. standen sieben Steinkreuze am damaligen Schießhaus; durch ein Hochwasser der Seidewitz wurden 1804 vier fortgerissen. Zwei der hier stehenden Kreuze stammen wahrscheinlich aus der verbliebenen Gruppe. Das kleine, einarmige Kreuz im Hintergrund ist 1962 beim Abbruch eines 1831 gebauten Hauses entdeckt worden. Vermutlich handelt es sich um eines jener Kreuze, die durch die Wasserflut 1804 weggespült wurden und welches dann beim Hausbau Verwendung fand.

Kopfteil einer Bet- oder Martersäule an der Dorfstraße in Oelsen beim Abzweig des Weges nach dem ehemaligen Erbgericht. Der Stein steht auf einem Flurstück, »Pfarrgarten« genannt, wo in vorreformatorischer Zeit eine Kapelle gestanden haben soll.

Bildstockkopf der »Ilse-Säule« an der Dohnaer Stadtkirche, der bis jetzt letzten Station einer langen Wanderung. Die Säule stand ursprünglich an der Mauer des Pfeifer-Gutes in Gorknitz und erhielt ihren Namen vom dort vorbeifließenden, seit längerer Zeit trockenen »Ilsebach«. Auf einer Zeichnung von 1887 sieht man die »Ilse-Säule« in einem Steinhaufen auf dem Lugberg bei Heidenau stehend.
Auf den Seitenflächen sind erhaben Figuren angebracht, deren Bedeutung nicht zu erkennen ist. 1953 ist die Säule von einem Lastwagen umgefahren worden und daraufhin in das Heidenauer Museum gekommen. Als 1964 das Museum aufgelöst wurde, hat man das Steinmal nach Dohna gebracht.
Seitdem steht das Oberteil der Betsäule auf einem Grabmalsockel vor dem Chor der Kirche in Dohna.

»Weiße Marter« an der Straße zwischen Seitenhain und Berthelsdorf. Sie wird als Marter- oder Betsäule am einstigen Pilgerweg nach dem böhmischen Kloster Mariaschein angesehen. Die Nische zur Aufstellung eines Heiligenbildes ist noch vorhanden. In neuerer Zeit diente die Säule als Wegweiser.

### Die Sage vom Denkmal bei Stolpen

In der Nähe der Stadt Stolpen zwischen Lauterbach und Bühlau stand früher auf freiem Felde am Wege ein steinernes, vier Ellen hohes Denkmal, einer sogenannten katholischen Martersäule ähnlich, welches die Inschrift trug: 1584. IAR DAS IST WAR ZWENE OSTERDAG IN EINEN JAR. Diese Worte sollen aber Folgendes bedeutet haben. Bekanntlich ließ Papst GREGOR XIII. 1582 den Gregorianischen Kalender ein-führen, der jedoch nicht sogleich überall angenommen ward. Dies thaten jedoch die beiden Lausitzen im J. 1584. Da nun der Gregorianische Kalender von Juliani-schen um 10 Tage abweicht, so feierten die Einwohner der Lausitz ihr Osterfest eher als ihre Grenznachbarn in Sachsen, und dies schien dem Stolpner Amts-schösser THOMAS TREUTER so wichtig, daß er jene Worte bei der Erneuerung besag-ter Martersäule in dieselbe einhauen ließ.
(Aus J. G. THEODOR GRÄSSE, Der Sagenschatz des Königreichs Sachsen, 1855)

Rechte Seite:
Die Ostersäule in Lauterbach, von der die oben genannte Sage handelt.

1584
IAR
DAS IST WAR
ZVENE OSTERN
IN EINE M IAR

Erneuert im Jahre
1884

Zwei Steinmale in Pirna, die beide in der heimatgeschichtlichen Literatur als »Wehlsche Marter« bezeichnet werden. Urkundlich gesichert kommt diese Bezeichnung jedoch nur der Säule auf dem linken Bild zu.

Die Säule steht an der Einmündung des Postweges in die Dippoldiswalder Straße und wird in Urkunden aus dem 15. und 16. Jh. an diesem Standort genannt, so 1466, wo ein Acker, *bey der welschen martir gelegen,* erwähnt wurde. 1521 *heißt es am feistenberg gelegen nidewendigk der wellischen marter* und 1548 wurde ein Stück Land *bey der welschen Marter am Egelsehe gelegen* ausgewiesen. Nach MEICHE handelt es sich bei der Säule um ein Sühnezeichen für den 1460 erfolgten Mord an dem Heidenauer Vorwerks-pächter durch den Schloßherren zu Wehlen.

Die Sandsteinsäule (rechtes Bild) steht am linken Elbufer zwischen Pirna und Heidenau, »der Brauden« genannt. Brauden ist ein alter Flurname, schon 1531 heißt es »ufm Brauden«; er kennzeichnet eine Stromschnelle der Elbe an dieser Stelle.
Die hier erfolgte Aufstellung der Säule steht im engen Zusammenhang mit der Gefahrenstelle für den Schiffsverkehr. Schon BÖSIGK deutete 1857 die Säule als Warnungs- und Andachtszeichen für die Schiffer. Die umlaufende Ruhebank ist einer Meldung von 1887 zufolge *in neuerer Zeit,* also Mitte 19. Jh. angebaut worden. Die Säule wurde mehrmals versetzt, so 1848 beim Bau der Eisen-bahnstrecke und zuletzt 1986, als sie

So stellte man sich das Aussehen der Säule in vorreformatorischer Zeit vor.
(Zeichnung von M. ECKARDT in »Bergblumen« 1887)

wegen des Baues einer Heiztrasse um ca. sechs Meter verlegt wurde.

Neben der irrtümlichen Bezeichnung »Wehlsche Marter« trägt sie den Namen »Tetzel-Säule«. Man nahm an, daß an dieser Stelle JOHANNES TETZEL, Dominikanermönch und ein Sohn der Stadt Pirna, seinen Ablaßhandel betrieben hatte. Der Name hat sich eingebürgert, ist aber historisch nicht belegt. ENGELHARDT und VEITH nennen sie 1794 erstmalig »Tezelsche Martersäule«. Martersäule ist die ältere, überkommene Bezeichnung; der Zusatz »Tetzel« war neu und willkürlich zugefügt worden. Da die Säule einen Namen tragen sollte, wäre es angebracht, sie »Brauden-Säule« zu nennen.

# Vom Grenzwald zum Grenzstein

Die Beschreibung und Kennzeichnung von Grenzen hat eine lange Geschichte. Noch im Mittelalter kannte man eine Grenzlinie im heutigen Sinne nicht, die Siedlungsgebiete trennte ein mehr oder weniger breiter Grenzwald. So ist in der Urkunde von 967 über die Grenzen des Bistums Meißen von *divisio et confinium* zwischen Böhmen und der Mark Meißen die Rede; gemeint ist ein Grenzraum oder eine Pufferzone, auch als Markwald bezeichnet. Diese Grenzräume umfaßten in jener Zeit das Gebiet des Elbsandsteingebirges und Erzgebirges und gehörten als Reichsterritorium zum Deutschen Reich.

Seit der Kolonisation, als der Grenzwald gerodet und von diesem Gebiet Besitz ergriffen wurde, hat man die Grenzen schärfer gefaßt. Zwei Urkunden aus jener Zeit, die Schenkungsurkunde des Markgrafen OTTO DES REICHEN an das Kloster Altzella und die Oberlausitzer Grenzurkunde von 1241, geben darüber Auskunft. Die Grenzfestlegung geschah nun anhand markanter Geländestellen, vorwiegend waren dies Wasserläufe, Berge, Hügel, Höhenrücken, Täler, Wege oder anderes.

Eine lange Tradition besitzt die Markierung von Waldgrenzen in der Sächsischen Schweiz, kennzeichnete sie doch in den meisten Fällen die Grenzen zwischen landesherrlichem Wald und Gemeindeland. Hier stießen zwei Eigentumsbereiche unmittelbar aufeinander und es war verständlich, daß diese zweifelsfrei abgegrenzt sein mußten. Das geschah durch »Lachter« (von mhd. *láche*, d. h. Einschnitt oder Kerbe) an Bäumen, die auf der Grenze standen; den Bäumen wurden durch die Förster Kreuze oder andere Zeichen eingeschnitten. In einer Urkunde von 1456 über die Grenzziehung zwischen der Pflege Königstein und dem Dorfe Rosenthal wird als Grenzbaum eine Birke erwähnt, in die *hat wentzel forster vor sibentzigk jaren ein crewtze gehawen*. Solche Bäume standen unter einem besonderen Schutz. In der gleichen Urkunde ist von einer Rain-Eiche am Rosenthaler Weg die Rede, der hatte einer aus Langenhennersdorf die Äste abgehauen und da *er solche reyn eiche hat bestommelt, darumb hat er ... ein schogk groschen* zur Strafe geben müssen.

Diese Methode der Grenzbezeichnung führte jedoch, wenn altersschwache Grenzbäume umstürzten, zu Irrungen und Grenzstreit. Es wurde deshalb auch größeren Steinen oder Felsen, wenn sie unverrückbar auf der Grenze standen, ein Kreuz eingeschlagen; man bezeichnete sie als Lachterstein oder Grenzmal. Später wurden die Gren-

Drei Generationen von Grenzbezeichnungen auf einen Blick. Die ältesten Angaben zum Grenzverlauf stellen Hügel oder Bäche dar, hier der Fuchsbach als Grenzbach gegen Böhmen. Später wurde die Grenze genauer markiert durch das Einschlagen von Lachtern oder Grenzkreuzen in anstehende Felsen (links im Vordergrund). Die jüngste Form der Grenzbezeichnung ist die der Grenzsteinsetzung (weißer Stein im Hintergrund).

Rechte Seite:
Ein 1787 gesetzter Forstgrenzstein auf der Grenze des kurfürstlichen Waldes »Nässe« zwischen Krippenbach und Cunnersdorfer Bach.

zen versteint, d. h., in regelmäßigen Abständen mit einem Grenzstein
versehen. Die Grenzsteinsetzung auf den Waldgrenzen der kurfürstlichen Wälder in der Sächsischen Schweiz erfolgte ab dem 17. Jh., doch
werden Grenzsteine schon 1548 im Amtserbbuch Pirna genannt. Mit
den kursächsischen Forstgrenzsteinen, die wir heute noch in den Wäldern des Landkreises antreffen, wird vielfach eine über 500jährige
Grenzziehung dokumentiert.

Die Grenzsteine, auch Mark- oder Rainsteine bezeichnet, durften we-
der beschädigt, noch entfernt werden. Solches wurde als Grenzfrevel
schwer bestraft. Um aber bei Verlust eines Grenzsteines dennoch den
Grenzpunkt wieder auffinden zu können, legte man unter den Stein
meist unvergängliche Materialien, »stumme Zeugen« genannt. Dies
kommt beispielsweise im Grenzprotokoll über die Berainung der kurfürstlichen Waldung bei Kleingießhübel 1802 zum Ausdruck, wo ver-
merkt steht, daß *Reinstein No 1 oben und unten gelachtert* (d. h. mit
einem Grenzkreuz versehen), *mit arabischer Nummer auch auf Chur-
fürstlicher Seite mit den Chur-Schwertern gezeichnet,* **nebst gehöri-
ger Unterlage von Glas, Kohlen und Ziegelsteinen,** *wie solches bei
gegenwärtiger Bereinigung durchgängig beobachtet worden ist, eingesetzt* wurde.

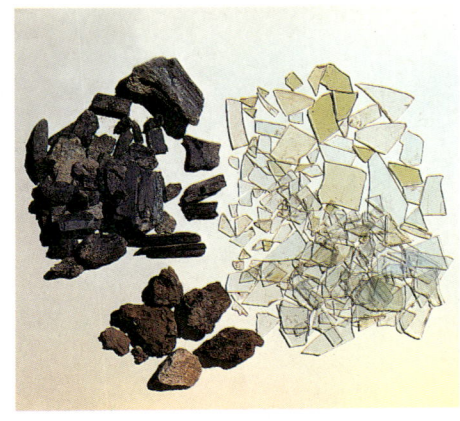

»Stumme Zeugen« unter einem 1787 gesetzten Forstgrenzstein südlich von Cunnersdorf (Gem. Gohrisch), bestehend aus
Schlacke, Holzkohle und dünnen Glas-
scherben; sie deuten auf eine frühere Glas-
schmelze in dieser Gegend.

Ein Anfang des 19. Jh. in der Reinhardtsdorfer Churfürstlichen Gemeinde-
Waldung gesetzter Forstgrenzstein. Die
Kurschwerter befinden sich auf der in
den Gemeindewald gerichteten Seite
des Grenzsteins und kennzeichnen den
landesherrlichen Besitz am Walde.

Rechte Seite:
Kursächsischer Forstgrenzstein im
Brückwald bei Lohmen. Bei Neube-
rainungen der Reviere nach 1806 wurde
der nunmehr königliche Wald mit einem
»K« auf dem Grenzstein, oft unter
Auslöschung der vordem angebrachten
Kurschwerter, angezeigt.

Linke Seite:
Kursächsischer Forstgrenzstein im ehemaligen Amtswald »Kühberg« am Breiten Stein. Bei der Aufstellung der Grenzsteine waren Vertreter der Forstverwaltung und Ämter zugegen. Deren Mitwirkung an der Grenzfestlegung wurde durch Einmeißelung ihrer Initialen in den Grenzstein kundgetan.

Beim abgebildeten Stein sind dies, neben der Jahreszahl 1615, »GVK« für den von 1593 bis 1620 tätigen Oberforstmeister GEORGE VON KRESS und »GB« für den Förster des Lohmener Reviers GEORGE BARTHEL. Links neben dem Grenzstein ist ein Grenzmal aus der Zeit vor der Grenzsteinsetzung zu sehen.

Grenzmal auf der Grenze zwischen dem kurfürstlichen Amtswald und dem Wald des Kammerhofes Markersbach westlich vom Schwert-A-Weg. Die Einmeißelungen »GCH« und »1775« nennen GOTTFRIED CONRAD, HAMMERMEISTER und das Jahr der Grenzmarkierung. Die eingeschlagenen Kurschwerter zeigen den vor dem Stein liegenden Wald als kurfürstlichen Besitz an.

Der Stein liegt auf einer Linie, die schon 1548 Amtswaldgrenze bildete und von der gesagt wurde, sie gehe *vom Sandthübel* (jetzt Kochenberg) *vff dem henge* (Hang) *hienaus, bies vffn Zceyßigstein*. 1752 entstand ein Streit zwischen Hammermeister JOHANN GOTTFRIEDT CONRAD und Oberforst- und Wildmeister Marschall V. BIBERSTEIN über den Verlauf der Grenze. Wahrscheinlich erfolgte danach die Markierung, allerdings übernahm der Kurfürst bereits 1791 die Waldungen des Kammerhofes.

Einer von vier Forst- und Jagdgrenz-
steinen am Waldrand bei Rückersdorf.
Kurfürst JOHANN GEORG II. räumte 1674
HEINRICH FREIHERR VON FRIESEN das
Jagdrecht auf der Großdebnitzer Flur
ein. An einigen Steinen erinnert neben
der Jahreszahl das Monogramm »HFVF«
daran; allen vier Steinen sind auf der
aus dem Wald gerichteten Seite die
Kurschwerter und »AS« (Amt Stolpen)
eingeschlagen. Bei einer späteren
Grenzmarkierung des königlichen
Waldes wurde als Zeichen des landesherrlichen Besitzes die Krone angebracht.

Rechte Seite:
So im Lichte standen die alten
Forstgrenzsteine selten. Meist führten sie
im Dickicht versteckt ein unbeachtetes
und bis vor wenigen Jahren unbekanntes
Dasein.

Ein glücklicherweise erhalten geblie-
ner Grenzstein im Dunkel des Waldes
auf der Landesgrenze gegen Böhmen.
Neben den neueren Kennzeichnungen
trägt der Stein auf sächsischer Seite das
kursächsische Wappen (im Bild), auf
böhmischer Seite das derer von Bünau.
Da RUDOLF VON BÜNAU auf Tetschen
1622 seinen Besitz an den späteren
Grafen VON THUN verkauft hatte, muß
der Grenzstein vor dieser Zeit gesetzt
worden sein.

Grenzzeichen in einem Mühlsteinbruch
im Liebethaler Grund aus der Mitte des
16. Jahrhunderts. Ein Grenzkreuz wird
flankiert von den Schönburgischen
(links) und bischöflich- Schleinitz'schen
Wappen (rechts), so die Besitzer der
Steinbruchanteile anzeigend.
Solche Grenzbezeichnung wurde in der
»Bergk Ordnung« über die Steinbrüche
im Liebethaler Grund von 1659 aus-
drücklich verlangt:
»*Zum Ersten, Sollen innerhalb Vierzehen-
tagen, nach publicirung dieser Ordnung,
alle Steinbrüch oder Berge, so ieziger Zeit
in denen Liebenthalischen Grund gebawet
werden, durch die Bergkmeister und Ge-
schworne nahmhafftig, und zwischen einen ieden Berge, eine sichtige Losung und
Reinung* (d. h. Grenze) *gemachet, und mit
eines ieden Bergk Herrn eingehawenen
Zeichen vermahlet* (d. h. gekennzeichnet)
*werden ...«*
Die hier vorhandenen Brüche wurden
schon 1464 erwähnt; der Mühlsteinbruch war 1547 Inhalt eines *Vertrags,
der zwischen Ernsten v. Schönburg und
dem Bischof zu Meißen aufgerichtet*
wurde.

Die Grenzen der Gemeinden wurden nicht versteint. Hin und wieder trifft man auf Steine, welche als Vorläufer der Ortseingangsschilder an Straßen und Wegen den Ortsanfang anzeigten. Der abgebildete Stein markiert den Übergang zwischen den einst selbständigen Gemeinden Nieder- und Oberhelmsdorf mitten im Ort an der Wesenitzstraße.

Eine Gemeinde Zwirtzschkau, deren Flur der Stein auf dem unteren Bild anzeigt, existiert schon lange nicht mehr. Zwirtzschkau bestand seit alters nur aus zwei Gütern und zählte im vorigen Jahrhundert zu Niederseidewitz.

Rechte Seite:
Ein Grenzmal, welches die Grenze zwischen Pfaffendorf und dem Amtswald »Kirchleite« nordwestlich von Cunnersdorf angab. Die hier anstehende Felskante bildete schon im 15. und 16. Jh. einen Grenzpunkt, *paffendorfische röste* genannt. Röste ist eine Abwandlung von mhd. *rosche*, d. h. jäher Bergabhang. Man könnte diesen Felsabbruch auch »Pfaffendorfer Wände«, analog der »Zehistaer Wände« bei Berggießhübel, nennen.
Die Cunnersdorfer Grenzbeschreibung im Amtserbbuch Pirna 1548 hat hier ihren Anfangs- und Endpunkt: »*anzufahenn ahn Pfaffendorffer röste bei der neuen Hütten*«, dann macht die Grenze einen weiten Bogen südlich um Cunnersdorf und kommt endlich »*bis ahn den Bornquähl, der entspringet hinder der neuen Hütten erbe, dem Bornquähl nach bies wieder ahn Pfaffendorfferröste*«.

Eine Grenzbezeichnung besonderer Art erfolgt durch diesen Stein. Er ist einer von vielen Sandsteinquadern, welche die Grenze des seit 1990 bestehenden Nationalparks »Sächsische Schweiz« markieren.

Die heutige Dokumentation der Grenzen erfolgt durch die modernen Karten, deren Grundlagen mit mehreren Landesaufnahmen, zuletzt Mitte des 19. Jh. mit der Neuvermessung des Königreiches Sachsen aus Anlaß einer 1865 erfolgten Mitteleuropäischen Gradmessung geschaffen wurden. Eine Erinnerung daran vermitteln die Triangulationssäule auf dem Cottaer Spitzberg (linkes Bild) und die Säule auf dem Großen Zschirnstein (rechtes Bild). Letztere wurde 1869 errichtet und »Nagel-Säule« benannt, zum Gedenken an Prof. AUGUST NAGEL (1821-1903), der die Vermessungen damals leitete.

# Denkmale der Verkehrsgeschichte

Als herausragende Vertreter dieser Kategorie gelten im Landkreis die kursächsischen Postmeilensäulen an den Poststraßen des 18. Jahrhunderts. Eine der Straßen, die über Dohna, Göppersdorf, Börnersdorf und Breitenau führende »Alte Dresden-Teplitzer-Poststraße« ist noch heute im Kreisgebiet anhand von drei Viertelmeilensteinen, zwei Halbmeilensäulen und drei Ganzmeilensäulen zu verfolgen.

Prunkstücke der Postmeilensäulen bilden die in den Städten gesetzten großen, wappengeschmückten Distanzsäulen mit vielen Orts- und Entfernungsangaben. Die Wappen, das polnisch-litauische und das kursächsische, sowie das verschlungene, an allen Steinen angebrachte Monogramm »AR« (AUGUSTUS REX) weisen auf AUGUST DEN STARKEN als polnischen König und Kurfürst von Sachsen. Die unter den Inschriften mit einem Posthorn angegebene Jahreszahl gibt das Datum der Fertigstellung der Säule an und bedeutet nicht in jedem Falle das Aufstellungsjahr.

Die Errichtung der Postmeilensäulen war das Lebenswerk des »Land- und Grenzkommissars« ADAM FRIEDRICH ZÜRNER (1679-1742), der ab 1712/13 eine Vermessung der Poststraßen vornahm und die Markierung der Straßen durch steinerne Säulen anregte, schließlich die Säulenanfertigung überwachte, den Standort der Säulen festlegte und deren Aufstellung kontrollierte.

Nachfolger der kursächsischen Postmeilensäulen waren die nach erfolgter Neufestlegung der sächsischen Meilenlänge ab 1857 aufgestellten königlich-sächsischen Meilensteine, deren Äußeres sich nicht mit der kunstvollen Ausführung der Postmeilensäulen messen konnte und von denen nur wenige Exemplare unbeschädigt erhalten blieben.

Parallel zur Bezeichnung der Post- und Fernstraßen begann im Landkreis in der ersten Hälfte des 19. Jh. an den Kreuzungen der *Communications-, Dorf- und Nachbarwege* die Aufstellung von steinernen Wegweisersäulen mit den Angaben der Entfernungen zu den nächsten Orten. Viele der noch erhaltenen Wegweisersteine geben uns Kenntnis von ehemals wichtigen, heute meist nicht mehr erkennbaren Straßen- und Wegeverbindungen. Schließlich zählen zu den Zeitzeugen früheren Verkehrsgeschehens im Landkreis u. a. auch vergessene Brücken, steinerne Hinweise auf Straßen- und Wegebau und Hinterlassenschaften stillgelegter Bahnstrecken.

Rechte Seite:
Wappenstück an der Postdistanzsäule auf dem Marktplatz in Dohna. Weitere Stadtsäulen stehen innerhalb des Landkreises Sächsische Schweiz in Berggießhübel, Bad Gottleuba, Königstein, Neustadt, Pirna und Stolpen.

Von Dohna nach:
Gr.
Cl: Marienschein 8 St.½
Toeplitz .... 10 St.
(1) Budin .... 18 St.½
z Welbern .... 22 St.½
3 Turschken . 25 St.½
4 Prag .... 28 St.

Von Dohna nach
Liebstadt .... 2 St.½
Lahnstein .. 5 St.½
Altenberg .. 6 St.½
Glashütte .. 4 St.½

Halbmeilenstein an der »Hohen Straße«
bei Nentmannsdorf mit der Jahreszahl
1729 und den Entfernungsangaben
»Dreßden 5 St.« und »Teplitz 7 ½ St.«.

An den Poststraßen zeigten jeweils
Viertelmeilensteine, Halb- und Ganzmeilensäulen die zurückgelegten
Entfernungen an. Dabei stand ein
Viertelmeilenstein sowohl am Viertel-
als auch Dreiviertelmeilenpunkt. Im Bild
der Viertelmeilenstein in Börnersdorf,
der eine Dreiviertelmeile nach der
letzten Ganzmeilensäule am Erlichtteich
markierte; in umgekehrter Richtung war
es eine Viertelmeile nach der Ganzmeilensäule bei Breitenau.

Ganzmeilensäule auf den Höhen des Osterzgebirges bei Breitenau. Durch eine Restaurierung erhielt die Säule ihren alten Glanz zurück.

Folgende Seiten:
Postdistanzsäule auf dem Markt in Stolpen. Die Säule wurde 1996 nach historischen Vorbildern neu errichtet; seit 1856, als die ursprünglich 1728 aufgestellte Säule entfernt wurde, mußte der Stolpener Markt auf diese Zierde verzichten.

Knapp 100 Jahre nach Errichtung der Postmeilensäulen wurde die Grenzsäule am Grenzübergang bei Hellendorf anläßlich eines Ausbaus der Poststraße nach Prag aufgestellt.

Ab dem Jahre 1857 wurden die mit Einführung der sächsischen Meile neu vermessenen Poststraßen durch königlich-sächsische Meilensteine markiert. Im Bild der Stationsstein in Hohnstein, wo die Straße aus Richtung Schandau kommend die Stadt erreichte.

Königlich-sächsischer Meilenstein an der Kirnitzschtalstraße in der Nähe des Lichtenhainer Wasserfalls. Der Stein, der wahrscheinlich einst an der Hohen Straße bei Lichtenhain stand, ist Ende des 19. Jh. hierher umgesetzt und mit einer neuen Inschrift versehen worden. Daneben befindet sich ein »Straßenwärterstein«, welcher die Zuständigkeitsbereiche der Straßen-wärter abgrenzte.

Rechte Seite:
Zu den ältesten Wegweisersteinen im Landkreis zählt diese Säule an einem Weg zwischen Hohnstein und Ehrenberg, auf der die Jahreszahl 1820 den Zeitpunkt der Aufstellung angibt.

Ein Wegweiser aus alter Zeit. Diesem Grenzmal am Kuhberg bei Dobra ist ein Zeichen eingeschlagen, welches als Wegezeichen anzusehen ist. Das Antoniuskreuz im Liebethaler Wäldchen trägt ein gleiches Zeichen, siehe auch Seite 66. Es liegt so die Vermutung nahe, daß die Einritzung einen früheren, von Stolpen nach Liebethal führenden Weg markierte.

Der Ort, an dem sich das Grenzmal befindet, ist auf der Karte von Matthias Oeder Ende 16. Jh. mit der Bezeichnung »An dem Nicksen stein« versehen. Die Bedeutung dieses Namens ist unklar.

Kopf einer Wegsäule aus der ersten Hälfte des 19. Jh., als man die Entfernungen noch im alten Entfernungsmaß, der Stunde, angab. Etwa 4500 Meter entsprachen einer Stunde.

Rechte Seite:
Steinerne Wegsäule am Kleinen Winterberg. Wie die am Fuße der Säule eingeschlagene Zahl zeigt, wurden die Säulen auch als Waldreviermarken benutzt.

Wo dereinst Wagenräder rollten. Ein Zeugnis früherer Wegeführung ist die 1804 neu gebaute Brücke, auf der die damalige »Pirnische Straße« von Stolpen nach Pirna oberhalb von Lohmen den Brausnitz-Bach überquerte. In einer Forstkarte aus dem späten 18. Jh. wird sie als »Brausen-Brücke« bezeichnet.

Mit der touristischen Erschließung der Sächsischen Schweiz erfolgte im 19. Jh. die Anlage unzähliger Wanderwege. Diese Tafel kündet von der Errichtung des Weges 1841 im Liebethaler Grund zur Lochmühle, die in der Anfangszeit der »Schweiz-Reisen« Ausgangspunkt für den Besuch des Uttewalder Grundes und der Bastei war.

Rechte Seite:
Die 1897 in Betrieb genommene und durch das Schwarzbachtal führende Schmalspur-Nebenbahn Kohlmühle/ Hohnstein wurde 1951 wieder einge- stellt. Heute erinnert dieser Tunnel, durch den jetzt ein Wanderweg führt, an die Eisenbahnstrecke.

# Sachzeugen traditioneller Gewerbe

Neben der eingangs beschriebenen Steinbrecherei bildete früher in unserer Gegend vor allem der Bergbau einen bedeutenden Wirtschaftszweig. Das bei Gottleuba und Berggießhübel gebrochene Eisenerz wurde in den Tälern der linkselbischen Bäche verhüttet und verarbeitet. Die Hütten und Hämmer zwischen Krippenbach und Gottleuba zählten mit den Erzgruben zum Revier des »Pirnischen Eisens«.

Die Anfänge einer Erzgewinnung und -verarbeitung werden in der Bronzezeit vermutet. Das damals oberflächig gefundene Kupfer- und Zinnerz wurde gesammelt und über einen Zweig des Kulmer Steigs ins Niederland zur Weiterbearbeitung gebracht*. Seine Blütezeit erlebte das Revier jedoch mehr als 2000 Jahre später, vom 15. bis zum 17. Jh., wo der Dreißigjährige Krieg ein vorläufiges Ende setzte. Zwar erfolgten im 18. und 19. Jh. Versuche einer Wiederbelebung, die aber alle nicht zu einem nachhaltigen Aufschwung führten.

Auch im rechtselbischen Teil des Landkreises gab es eine Bergbautradition; jedoch nicht im Abbau von Eisenerz, sondern auf der Suche nach Gold. Die erste urkundliche Nennung von Neustadt 1333 erwähnt *goltwerke zuo der Newenstad*; spätere, durchweg erfolglose bergmännische Bemühungen im Hohwald sowie zwischen Polenz und Kirnitzsch reichten bis ins 18. Jahrhundert. Zahlreiche Flurnamen, wie Goldgründel, Goldflössel, Goldberg u. a., erinnern noch daran.

Eine andere Tätigkeit, von der Zeugnisse erhalten geblieben sind, war das Jagen. Weite Wälder, die noch heute den Landkreis überziehen, und ein reicher Wildbestand boten dem Dresdner Hof und dem Landadel Gelegenheit, der Jagd nachzugehen. Viel wurde getan, um das Wild anzulocken und zu vermehren; sehr zum Leidwesen der Bauern, deren Felder an die kurfürstliche Wildbahn grenzten.

Wie Bauer und Jäger zählt wohl auch der Müller zu den ältesten Berufen. Die alten Mühlen im Landkreis, heute kaum noch in Betrieb, stellen eindrucksvolle Denkmale eines alten Gewerbes dar. Wenige Sachzeugen erinnern an die Flößer, die das in den Wäldern der Sächsischen Schweiz und dem Osterzgebirge geschlagene Holz zur Elbe beförderten, oder an die Kalkgewinnung und andere heute nicht mehr ausgeübte Tätigkeiten.

*: Nach K. Simon und K. Hauswald, Der Kulmer Steig vor dem Mittelalter, 1995

Wahrscheinlich bronzezeitlicher Erzmahlstein, der 1886 beim Gut Giesenstein gefunden wurde. Er diente zum Vermahlen von Reicherz zu Schlich. Mit dem Stein erhält die These von einem prähistorischen Bergbau um Gottleuba/Berggießhübel Unterstützung.

Rechte Seite:
»Hengst-Stein« in Berggießhübel, der 1950 erneuert wurde. Wie oft wohl während der jahrhundertelangen Bergwerkstätigkeit wird das Schicksal dem Bergmann nicht so gnädig gewesen sein?

Bey dem am 2ten Januar 1845
erfolgten Einsturz dieser Binge
wurde der Obersteiger Hengst
8 Lachter tief von den einstür-
zenden Gebirge umhüllt, hi-
nabgerissen jedoch unbeschädigt
erhalten. Zur Erinnerung an
diese gnädige Bewahrung
errichten die Besitzer des
Gräflich Einsiedelschen Eisen-
werkes bei Berggießhübel
diesen Denkstein mit Dank!

Mundloch des »Königlichen Tiefen Zwieseler Erbstollns« in Berggießhübel, Symbol einer Epoche. 1825, in einer Periode des letzten Aufschwungs der überlieferten jahrhundertelangen Bergbautätigkeit um Berggießhübel, wurde dieser Stollen aufgefahren. Gegen Ende des 19. Jh. aber war der Rückgang nicht mehr aufzuhalten. Hier erfolgte am 15. August 1925 die letzte Schicht des gesamten Reviers.

Stätte reicher Bergbautradition. Mundloch des »Tiefen Hammerzecher Stollens« am Hange des Hochsteins in Berggießhübel; darüber lag der »Ober Hammerzeche Stollen«, darunter befindet sich der heute als Erdbebenmeßwarte genutzte »Hildebrandt Stollen«.

Über der Wesenitzquelle am Valtenberg führt das Mundloch des »Valentin Erbstollens«, einst als »Goldbergwerk« bezeichnet, in das Innere des Berges.

Inschrift auf dem Plateau des Hochsteins bei Berggießhübel. Mehrere solche Einritzungen gerade an dieser Stelle lassen die Vermutung aufkommen, daß sie in einem Zusammenhang mit dem Bergbau standen.

Die alten Gewerbe finden auch im Sagenschatz der Sächsischen Schweiz ihren Niederschlag, Zwergensagen deuten fast immer auf Bergbau.

### Die Sage vom Auszug der »Quarkse«

Das gutmütige Volk der Zwerge oder »Quarkse«, das ehedem am Langenhennersdorfer Wasserfall und im Cottaer Spitzberg hauste, hat vor Zeiten diese Orte verlassen. Der Anlaß aber war folgender: Ein junges Mädchen, dem einer der Zwerge aus Liebe die Wohnung seiner Genossen am Wasserfall gezeigt hatte, verriet das Geheimnis in der Beichte. So mußten alle fortziehen, mit Ausnahme der wenigen, die zur Bewachung des großen, im Spitzberg verborgenen Schatzes zurückblieben. An einem düsteren Novembermorgen, da dichter Nebel über der Erde lag, hörte man das Trippeln unzähliger kleiner Zwergenfüße, welche den Kirchweg hinunter durch das Rottwerndorfer Tal nach Pirna zogen und sich über die Elbe setzen ließen. Der Fährmann, der wegen des Nebels nichts sah, als man »Hol über« rief, verlangte für jeden einen Pfennig Fährgeld. Als er alle übergesetzt hatte, fand er so viele Pfennige in seinem Kahn, daß er sie nicht zählen konnte, sondern mit der Metze messen mußte und ein reicher Mann ward. Niemand weiß, ob die Zwerge, wie versprochen, wiederkommen und dann der Bergbau im nahen Städtchen Berggießhübel wieder aufleben würde. Sie haben versichert, daß das in hundert Jahren geschehen solle.

(Nach A. Meiche, Sagenbuch der Sächsischen Schweiz, 1929)

Rechte Seite:
Der 1979/80 rekonstruierte Hochofen Brausenstein im Bielatal, ein technisches Denkmal der Eisenverhüttung im Revier des Pirnischen Eisens. Der Ofen wurde, wie eine Jahreszahl an der Ostseite anzeigt, 1700 errichtet und setzte damit die Tradition des seit 1410 nachgewiesenen Hammerwerkes Brausenstein fort.

Ein Teil der Mauer, die den »Bären-
garten« in einer Schlucht unter der Burg
Hohnstein abschloß. Das Gehege ließ
Kurfürst CHRISTIAN II. 1609 anlegen, um
gefangene Bären für die Tierhatzen auf
dem Dresdner Altmarkt oder im Schloß-
hof zu halten. Da immer wieder Tiere
ausbrachen und die Gegend unsicher
machten, wurden die verbliebenen
Bären 1756 abgeschossen.

Salzlecke im Tännicht bei Graupa. Dem
Sandsteintrog ist die Jahreszahl 1716,
eine Krone und die Inschrift »F A R P E S«,
d. h. FRIDERICUS AUGUSTUS REX
POLONIAE ELECTOR SAXONIAE (Friedrich August, König von Polen, Kurfürst
von Sachsen) eingeschlagen. Ähnliche
Tröge stehen u. a. im Basteiwald und
Wildensteiner Wald.

Rechte Seite:
Der »Luchsstein« im Ziegengrund bei
Hinterhermsdorf. Die Inschrift besagt,
daß hier 1743 der königliche Förster
JOH. GOTTFR. PUTTRICH aus Hinterherms-
dorf einen Luchs erlegt hat. Es heißt,
daß es der letzte in der Sächsischen
Schweiz gewesen sei.

Die größte der »Hohen Brücken«, welche den Jagdweg am Hang des Borsberges über die tief eingeschnittenen Täler führen. Hier befand sich ein kurfürstliches Jagdrevier; die Schlußsteine der Brücken sind mit römischen Zahlen und einer Krone bezeichnet worden. Die abgebildete Brücke trägt außerdem das Monogramm »F A« (FRIEDRICH AUGUST) und die Jahreszahl 1789. In den Jahren 1982-1986 sind die Brücken wieder instandgesetzt worden.

Einmeißelungen in einer Felswand neben der Staumauer an der Oberen Schleuse bei Hinterhermsdorf. Sie geben Hinweis auf Grenzziehung und Hochwasserstand und künden von Bau (1667) und Reparatur (1716) der ursprünglich hölzernen Schleuse, die 1816-1817 in Stein ausgeführt wurde.

Rechte Seite:
Alte Flößerbrücke über den Fuchsbach nahe der Landesgrenze bei Rosenthal. Sie ist der einzige erhalten gebliebene von mehreren ähnlichen Übergängen, welche den Flößern das Freischlagen des Holzes beim Flößen erleichtert hatten.

Ruine eines Kalkofens, auch Schneller genannt, im Bahretal. Viele solcher Öfen wurden in dieser Gegend vorwiegend im 18. und 19. Jh. errichtet, um aus dem anstehenden Kalkstein Kalk zum Bauen und Düngen zu gewinnen.

Die Landschaft wurde nicht nur durch die Steinbrüche verändert, auch die gebrochenen Steine gaben Tälern und Gründen vielfach ein neues Gesicht. Wie hier im Hirschgrund erhielten zahlreiche Bäche in der Sächsischen Schweiz ein steinernes Korsett, um Überflutung zu verhindern und den Mühlenbetrieb zu sichern.

Rechte Seite:
Die Buschmühle im Kirnitzschtal, in der sich als nahezu einziger Mühle im Landkreis auch jetzt noch ein Mühlrad dreht. Die in der Neuzeit erforderlichen Anbauten haben dem Platz die frühere Idylle genommen.

# Denksteine und Felsinschriften

Wir wollen uns nicht der unzähligen Felsinschriften annehmen, wo Besucher der Sächsischen Schweiz durch Namen oder Jahreszahlen ihre Anwesenheit kundtaten. Diese Unsitte ist leider zu allen Zeiten aufgetreten. Vielmehr soll eine Auswahl jener Steine und Inschriften vorgestellt werden, die ein Ereignis überliefern, welches durch Bedeutung oder Alter erwähnenswert ist.

An der böhmischen Grenze, unweit von Hinterhermsdorf, steht der Altarstein. Der große Felsklotz, dessen nahezu ebenmäßige Gestalt nicht von der Natur, sondern durch Menschenhand geformt sein muß, hat eine über 500jährige Geschichte.

GÖTZINGER weist 1812 darauf hin, daß der Stein »in den schrecklichen Zeiten des 30jährigen Krieges für die hierher Geflüchteten bei ihrem Gottesdienste als Altar gebraucht ward. Das ist besonders während den schwedischen Grausamkeiten in den Jahren 1639 und 1640 geschehen, womit die eingegrabenen Jahrzahlen übereinstimmen«. Tatsächlich waren in den Stein diese Jahreszahlen zusammen mit Wappen, Kurschwertern, Jagdhörnern und einem Kelch eingemeißelt. Bei einer »Renovierung« des Steins 1893 wurden die Zeichnungen ausgelöscht und dafür zwei Inschriften angebracht. Die eine verweist nicht ganz korrekt auf »böhmische Protestanten unter Kaiser Ferdinand im Jahre 1630«, die zweite enthält eine Auflistung der Förster im Hinterhermsdorfer Revier.

Die Geschichte des Altarsteins reicht aber nicht nur bis zum Dreißigjährigen Krieg. Die Tatsache, daß ein Kelch, das Wahrzeichen der Hussiten, eingeschlagen war, läßt vermuten, der Stein könne in den Zeiten der Hussitenbewegung als Altar gedient haben. Schon um 1450 wird ein *Alterstein* bei *Behmischen Hermstorff* (Hinterhermsdorf) in einer Grenzbeschreibung der Herrschaft Wildenstein* erwähnt. Der vorbeiführende Stimmersdorfer Weg wurde im 16. Jh. auch *Altar Steigk* genannt.

Eine Reihe interessanter Denksteine und Felsinschriften im Landkreis Sächsische Schweiz stammt aus dem 17. Jh., aber auch bis in die jüngste Vergangenheit wurden Hinweise auf denkwürdige Ereignisse dem Stein anvertraut.

---

*: Zit. bei K. GAUTSCH, Älteste Geschichte der Sächsischen Schweiz, 1880

Altarstein, Ausschnitt aus einer Radierung von LUDWIG RICHTER. Die Zeichnung gibt ein Bild vom früheren Aussehen des Altarsteins, allerdings ist die im Stein zu erkennende Gebetsnische wohl der künstlerischen Freiheit des Zeichners zuzuschreiben.
(Kupferstichkabinett Dresden, Foto: Sächsische Landesbibliothek, Staats- u. Universitätsbibliothek Dresden, Deutsche Fotothek, Handrick)

Rechte Seite:
Der Altarstein, südlich vom Raumberg am Stimmersdorfer Weg nahe der böhmischen Grenze gelegen.

Denkstein an der Schiebquelle. 1638 wurde eine Wasserleitung von der Schiebquelle zum Dorf Schöna gebaut, da der bisher genutzte »Lindborn« versiegte. Das Wasser floß in einem in Holz gefaßten Graben zum Dorf. Aus dem Anlaß errichtete man einen Gedenkstein, in den die Namen aller Beteiligten eingemeißelt wurden. Es sind dies der Forst- und Wildmeister CHRISTOPH V. LIEBENAU, der Richter PAUL BIENER, der Förster JACOB MURRE, der Baumeister MATZ WURM sowie die nicht namentlich genannten Schöffen G. F. und M. Z.

Infolge des beschränkten Platzes teilte der Steinmetz die Wörter willkürlich ab, so daß man Mühe hat, den Text zu lesen. Bereinigt lautet die Inschrift auf den vier Seiten des Steins wie folgt.

**Vorderseite:**

M. W.
1638
DEN 2 MAI
PAVL BIENER
DIESER ZEIT
RICHTER

**Linke Seite:**

DIESER
ZEIT
SCHÖPPEN
G. F.
M. Z.

**Rückseite:**

CHRISTOF
VON LIBENAV
DISER
ZEIT FORST
VND WILT
MEISTER
IACOB MVRE
DISER ZEIT
FORSTER

**Rechte Seite:**

MATZ
WVRM
DER
MEISDER

Zwei Steinkreuze, welche nicht als vorreformatorische Denkmale angesehen werden können, sondern die als Gedenksteine in späterer Zeit gesetzt worden sind.

»Murre-Stein«, ein Steinkreuz zwischen Großem Zschirnstein und Krippenbach mit der Inschrift    I. M. F. Z. S.
                        1653
                D. XI. OCTOB.
gibt Kunde vom Unfalltod des Jacob Murre, Förster zu Schöna am 11. Oktob. 1653. Ausführlich wird der Unfallhergang im Reinhardtsdorfer Kirchenbuch geschildert:

»Jacob Murre, Churf. Sächs. bestalter Forster zu Schöna, als Er den 11 octobr am Tage Burchhardi, auf seinem starken Gaul im walde gehalten, und von fernen Zugesehen, wie 2, am stamme abgehawne mässige Eichen, die sich gegen einander an einem stehenden bawme angeleget, möchten gelöset und follends gefellet werden; Ist von derselben fallenden Eichen Eine, die owen mit einem aste hangen geblieben, Und im fallen wieder meinung sich herumb geschwenket, ... ergriffen. Da Er sich denn im sprechen auf den sattel Knopf geleget, und Ihm der bawm am wippel auf den rücken gefallen, Und sampt dem pferde, welches Zuvor, ob Ers gleich angestochen, nicht von der stelle gehen und ausweichen wollen, niedergedruckt; das pferd, sich aber erhoben, und hierfür gewunden ... von unten heftig gedruckt, und der bawm von owen wieder gehalten, das er alsbald tod geblieben; Und man, da gleich flugs Zugelauffen worden, gar kein leben im geringsten an ihm gespüret; Gott wolle seiner seelen gnädig sein.«

Das Steinkreuz steht im Wald westlich von Hellendorf, unweit des Hutsteins.

Die Einmeißelung auf der Vorderseite
»Seinem unvergeßlichen Vetter G. v. C.
† 14. IV. 1901.
in Liebe und Freundschaft gewidmet
von
C. v. C.
ave pia
anima!«
gibt das Datum und den Anlaß der Steinkreuzsetzung zu erkennen.

Nach einem Eintrag in das Gottleubaer Kirchenbuch vom 18. April 1901, dem Tag des Begräbnisses, handelt es sich bei dem Toten um den 42jährigen Rittergutsmitbesitzer und Pächter auf Cratza, Kleppisch und Fichte, GEORG ADOLF VON CARLOWITZ.
*Wurde in der Nähe des sogn. Carolinenfeldes am 15. April früh mit zerschossenem Kopf aufgefunden. Nach dem amtlichen Befund liegt zweifellos Unglück vor*.
Er hinterließ zwei Brüder, eine verheiratete Schwester und die Braut.

Unterhalb von Waitzdorf, im Tiefen Grund, ist in den Felsen das Bild einer Sense eingeschlagen und, einige Meter straßenabwärts, die Jahreszahl 1699 mit einem Bogenkreuz. Der Ort heißt im Volksmund »Die Sense«; die Einmeißelungen gaben den Anlaß für eine Sage von einem im Jahre 1699 stattgefundenen Sensenduell zweier Burschen eines Mädchens wegen.

Allerdings stammen die Einmeißelungen nicht alle aus der gleichen Zeit. Der Hohnsteiner Magister J. M. WEISSE, der 1692 nach Hohnstein kam, schrieb 1713 von einer in den Felsen gehauenen Sense, weil hier ein Mäher umgebracht worden sein soll. Der Vorgang muß also vor 1692, der Ankunft des Magisters, stattgefunden haben. Man kann annehmen, daß die Jahreszahl 1699 und das Kreuz (oder eine Armbrust?) aus einem anderen Anlaß angebracht wurden.

Die Felszeichnung, eine Sense darstellend, im Tiefen Grund.

**Die Sage vom Sensenduell im Tiefen Grunde**

Zwei reiche Burschen aus Waitzdorf warben um ein Mädchen, das beiden gleich gewogen war. Die Erzählungen ihres Vaters, eines alten Husaren, von seiner bewiesenen Tapferkeit, hatten Eindruck auf das Kind gemacht. So erklärte sie ihren Bewerbern, daß sie dem Mutigsten ihre Hand geben wolle. Die beiden Burschen, die sonst gute Freunde waren und nicht wußten, wie sie ihren Mut beweisen sollten, beschlossen, sich im Zweikampf zu messen. Als das Mädchen zum Kampfplatz im Tiefen Grunde kam, standen beide mit einer Sense in der Hand vor ihr, reichten sich und ihr die Hand, sagten sich Lebewohl und begannen den Kampf. Beide bluteten, das Mädchen schrie und flehte, aufzuhören; im selben Augenblick fiel der eine tot nieder. Der Sieger stürzte sich auf den toten Freund, jammerte und klagte, stieß das Mädchen zur Seite und eilte weinend fort.

In dem einjährigen, jetzt fast vergessenen Krieg trat eines Tages ein preußischer Kürassier in die Waitzdorfer Schenke und fragte nach dem alten Husaren. Er erhielt zur Antwort, der sei längst tot, aber die Tochter noch zu haben. Da eilte er zum Haus des Verstorbenen und sah dort das Mädchen vor der Tür sitzen. Bleich und mager, glich sie einer Blume, an deren Wurzel der Wurm nagt. Als er zu ihr sprach: »Guten Tag, Rose!«, erkannte sie ihn nicht gleich; dann wollte sie ihn umarmen, aber er ging mit einem »Gott mit dir!« fort. Die Bauern, die ihn als den Mörder fangen wollten, fanden ihn im Tiefen Grunde, am Grabe betend. Er zog seinen Pallasch und floh nach dem Lager jenseits der Elbe. Am nächsten Morgen blies die Trompete zum Aufbruch. Er ward nie wieder gesehen, das Mädchen starb noch im gleichen Jahr.

(Nach A. MEICHE, Sagenbuch der Sächsischen Schweiz, 1929)

Einritzung der Jahreszahl 1699 und eines Kreuzes in der Nähe des Sensensteines. Die Jahreszahl 1699 ist noch an weiteren Stellen in der rechtselbischen Sächsischen Schweiz (siehe S. 127), wohl im Zusammenhang mit der Markierung von Waldgrenzen, angebracht worden.

Im Cottaer Busch, auf der Flurgrenze zwischen Ottendorf und Gersdorf, befindet sich dieser Sandsteinfelsen. Wie der Ottendorfer Pastor MORITZ MARTINI 1840 mitteilte, sind dem Steinklotz

*»zur Bezeichnung der über ihn hinlaufenden Gränze zwei Kreuze eingehauen. Im Flurregister von Gersdorf wird er STEIN DER HEILIGEN genannt, in der Volkssprache heißt er BETTELSTEIN (richtiger wohl Betstein), weil auf selbigem Bettelmönche den vorüberziehenden Wallfahrern gepredigt haben sollen«.*

Die Erinnerung an einen Pilgerweg unterstreicht, daß die uralte Trasse des »Kulmer Steigs« hier auch in der Neuzeit genutzt wurde. Auf der Karte von MATTHIAS OEDER, Ende des 16. Jh., ist der Stein als »Lilgenstein« bezeichnet worden.

Sogenannter »Peststein« im Walde unterhalb der Ruhebänke bei Sebnitz. Hier liegt die 31jährige MARIA WUNDERLICH aus Rugiswalde begraben, die nach 19 Wochen Verbannung aus der Stadt Sebnitz am 17. August 1680, dem Pestjahr, gestorben war. Man hat später zu Recht daran gezweifelt, daß die Frau an der Pest gestorben sei, denn die rafft ihre Opfer innerhalb kurzer Zeit und nicht erst nach 19 Wochen dahin. Die 1817 wiederentdeckte Steinplatte wurde ursprünglich 1740 durch den Sohn der Toten, den damaligen Sebnitzer Bürgermeister J. F. WUNDERLICH gesetzt.

Von schlimmen Zeiten künden die drei Denksteine an der Landesgrenze zu Böhmen im Gelobtgrund bei Schöna.

Im Jahre 1812 hatte die österreichische Regierung die Getreideausfuhr nach Sachsen verboten, um den Aufenthalt der Truppen NAPOLEONS im Nachbarlande zu erschweren. Die Maßnahme traf aber in erster Linie die Bevölkerung. Da der Getreidehandel ausschließlich über die Elbe erfolgte, ankerte ein österreichisches Wachschiff mitten im Fluß bei Niedergrund, um das Verbot zu überwachen.

Auf Schleichwegen brachte man nachts das Getreide säckeweise über die sächsische Grenze. Am ehemaligen Kirchsteig, auf dem während des Dreißigjährigen Krieges die Protestanten aus Niedergrund nach Reinhardtsdorf zur Kirche gingen, waren die geheimen Handelsplätze. An diese erinnern die drei Felsinschriften:
»Hinter Korn Marcht 1812«,
»Mahl Marcht 1812« und
»Korn Markt 1812«.

HERMANN KRONE (1827-1916), ein Pionier der Fotografie in Deutschland, machte im Herbst 1853 die ersten Aufnahmen in der Sächsischen Schweiz und gab im gleichen Jahr ein Album mit 36 Fotos heraus. Zur Erinnerung wurde 1857 die Inschrift an der Steinschleuder über der Basteibrücke angebracht: »HERMANN KRONE HIC PRIMUS LUCE PINXIT MDCCCLIII« (Hermann Krone hat hier als erster mit Licht gemalt 1853).

Ein Steinklotz an der Hinteren Schleuse (linkes Bild) und eine Felswand auf dem Hockstein (rechtes Bild) bieten zwei Beispiele dafür, wie dem Stein auch allezeit meist unnötigerweise Wunden zugefügt wurden.

Zu vielen Zeiten hat Hochwasser, vor allem im Elbtal und in den Tälern des linkselbischen Landkreises, Angst und Schrecken verbreitet und unsägliches Leid gebracht.

Die ältesten Nachrichten über Hochfluten der Elbe stammen aus den Jahren 590, 987 und 1015; aus unserer Region berichtete der Pirnische Mönch vom Jahre 1427, es *ergus sich di Elbe, tat grosen Schaden.* 1511 stieg die Elbe so hoch, daß man im Kreuzgang der Pirnaer Klosterkirche hätte mit Kähnen fahren können. Das schwerste Hochwasser aller Zeiten führte die Elbe 1845, mit fast neun Metern wurde in Dresden der bisher höchste Wasserstand gemessen. In fast allen Orten an der Elbe künden Hochwassermarken von den Überschwemmungen.

Auch von den Nebenflüssen der Elbe wurde frühzeitig über Wasserfluten berichtet, so von *einer Flut der Gottlowbe* am 13. Dezember 1480. Ein Wolkenbruch im Einzugsbereich der Biela kostete 1522 über hundert Menschen das Leben. Weitere Hochwasser suchten die Täler u. a. 1804, 1897, 1927 und 1957 heim. Erst der Bau einer Talsperre bei Bad Gottleuba 1969-1974 und die Errichtung von Rückhaltebecken an den Gebirgsbächen minderten die Gefahr und nahmen den Bewohnern die Angst vor neuer Wassernot.

Kunde von Überschwemmungen im Tal der Dürren Biela. Nicht selten sucht man im tief eingeschnittenen Grund zur Sommerszeit vergeblich nach dem Wasserlauf.

Schweres Hochwasser führte die Elbe nach der Schneeschmelze 1784. Ein Putto als Hochwassermarke am ehemaligen Gasthaus »Zum Anker« in Pirna zeigt den Wasserstand fast drei Meter über der Straße an.

Rechte Seite:
Das Denkmal in Berggießhübel wurde 1937 zum zehnten Jahrestag des furchtbaren Hochwassers von 1927 gesetzt. Die Schreckensbilanz dieser Naturkatastrophe im gesamten Gottleubatal waren über hundert Tote, 120 zerstörte Gebäude und 48 eingestürzte Brücken.

GEDENKET DER SCHRECKENSNACHT
DES 8/9 JULI
1927

88 MENSCHEN LIESSEN IHR LEBEN

Ehemaliger Obelisk auf dem Ostplateau des Liliensteins, der 1708 aufgestellt wurde zum Andenken einer Besteigung des Felsens durch AUGUST DEN STARKEN.
(Zeichnung von M. ECKARDT in »Bergblumen«, 1889)

Die weithin sichtbare Wettin-Säule auf dem Lilienstein, welche am 13. Oktober 1889 aus Anlaß des 800jährigen Bestehens der Herrschaft des Hauses Wettin eingeweiht wurde.

Rechte Seite:
Olympiadenkmal am deutsch-tschechischen Grenzübergang in Hellendorf. Hier passierten am 31. Juli 1936 die Läufer mit dem olympischen Feuer auf dem Wege nach Berlin die deutsche Grenze.

Ein dunkles Kapitel der jüngsten Geschichte dokumentiert dieser Stein im Kirchhof zu Oelsen. Kurz vor Kriegsende wurden KZ-Häftlinge im Rittergut Oelsen untergebracht; viele von ihnen starben und erhielten in einem Massengrab hier die letzte Ruhe. Den Gedenkstein setzte ihnen die Gemeinde Oelsen.

Rechte Seite:
Das Denkmal auf der Hohen Liebe vereint seit vielen Jahrzehnten die Bergsteiger im Gedenken an ihre toten Bergkameraden. Zwei Bronzeplatten zieren das Ehrenmal; eine seit der Einweihung am 17. Oktober 1920, die zweite wurde 1997 angebracht.

Versuchen wir nach unserem Streifzug durch die Geschichte zum Schluß einen Blick in die Zukunft.

Viele der in den Brüchen der Sächsischen Schweiz gewonnenen Steinblöcke könnten für den Wiederaufbau der Dresdner Frauenkirche bestimmt sein. Man kann sich wohl vorstellen, wie die Quader jene Form annehmen werden, die GEORGE BÄHR Mitte des 18. Jh. vorgegeben hat. Sie legen dann als Säule, Portal oder anderes Teil am Kirchenbau steinernes Zeugnis ab vom Können der Bauleute und Willen der Menschen, Überkommenes zu bewahren und die Spuren einer barbarischen Zerstörung zu tilgen.

# Inhalt

## Literatur

Bergblumen »Illustrirte Blätter der Section Strehlen des Gebirgsvereins für die Sächsisch-Böhmische Schweiz« (ab 1890 »Illustrirte Blätter für Heimaths- und Alterthumskunde«), 1886 - 1892

WILHELM LEBRECHT GÖTZINGER
Geschichte und Beschreibung des Chursächsischen Amtes Hohnstein mit Lohmen, 1786

Schandau und seine Umgebungen, oder Beschreibung der sächsischen Schweiz, 1804 und 1812

ALFRED MEICHE Historisch-Topographische Beschreibung der Amtshauptmannschaft Pirna, 1927

Sachsens Kirchengalerie, Vierter Band, Fünfte Abteilung. Die Inspectionen: Pirna, Altenberg und Dippoldiswalde. Um 1840

Schriftenreihe des Stadtmuseums Pirna
Geschichtliche und heimatkundliche Beiträge aus Pirna und Umgebung, Heft 1 - 10

REINHARD SPEHR Christianisierung und früheste Kirchenorganisation in der Mark Meißen, in »Frühe Kirchen in Sachsen«, 1994

RICHARD STECHE Beschreibende Darstellung der älteren Bau- und Kunstdenkmäler des Königreiches Sachsen, Erstes Heft, 1882

Werte der deutschen Heimat, Bd. 1, 2, 3, 4, 9, 17, 21 und 27

## Impressum

STEINERNE ZEUGEN der Geschichte im Landkreis Sächsische Schweiz
Konzeption und Layout:     Horst Torke
Fotos und Illustration:     Horst Torke
Reproduktion:     Pre-Press GmbH
Druck und Verarbeitung:     Meissner Druckhaus GmbH, Meißen
1. Auflage, 1998
ISBN 3-932460-09-X
© Edition Lerchl, Meißen

# Kursächsische Postmeilensäulen an den Straßen nach Böhmen

Kartenhintergrund: Auszugsweise Kopie aus Meilenblatt mit Nachträgen (18./19. Jh.)

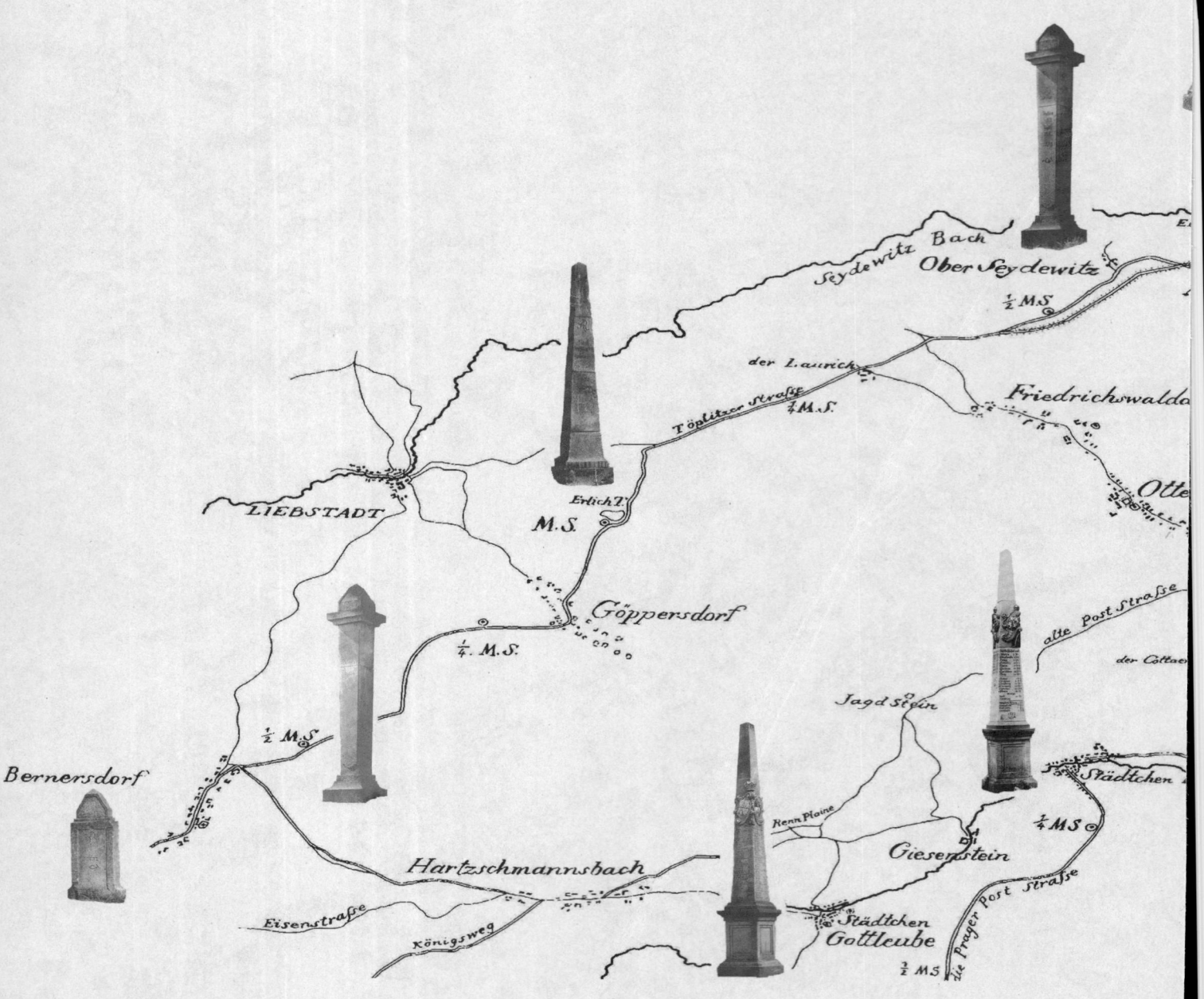

Seydewitz Bach

Ober Seydewitz

½ M.S.

der Laurich

Friedrichswalda

Töplitzer Straße

¼ M.S.

Otte

LIEBSTADT

Erlich T.

M.S.

Göppersdorf

alte Post Straße

der Cottae

Jagd Stein

¼ M.S.

Städtchen

¼ M.S.

Bernersdorf

½ M.S.

Renn Plaine

Giesenstein

Hartzschmannsbach

Eisenstraße

Königsweg

Städtchen
Gottleube

die Prager Post Straße

½ M.S.